現代佛學叢書

人間佛教的播種者

傳偉勳・楊惠南主編／

釋昭慧著

東大圖書公司

國家圖書館出版品預行編目資料

人間佛教的播種者／釋昭慧著. -- 修
訂初版. -- 臺北市：東大發行：三
民總經銷，民86
面；　公分. --(現代佛學叢書)
參考書目：面
ISBN 957-19-1804-0 (精裝)
ISBN 957-19-1805-9 (平裝)

1. 釋印順-傳記

229.386　　　　　　　　84004546

國際網路位址 http://sanmin.com.tw

ⓒ 人間佛教的播種者

著作人　釋昭慧
發行人　劉仲文
著作財　東大圖書股份有限公司
產權人　臺北市復興北路三八六號
發行所　東大圖書股份有限公司
　　　　地　址／臺北市復興北路三八六號
　　　　郵　撥／〇一〇七一七五——〇號
印刷所　東大圖書股份有限公司
總經銷　三民書局股份有限公司
門市部　復北店／臺北市復興北路三八六號
　　　　重南店／臺北市重慶南路一段六十一號

初　　版　中華民國八十四年七月
修訂初版　中華民國八十六年二月

編　號　E 22037

基本定價　叁　元

行政院新聞局登記證局版臺業字第〇一九七號

有著作權·不准侵害

ISBN 957-19-1805-9 (平裝)

印順法師八秩道影

《現代佛學叢書》總序

　　本叢書因東大圖書公司董事長劉振強先生授意，由偉勳與惠南共同主編，負責策劃、邀稿與審訂。我們的籌劃旨趣，是在現代化佛教啓蒙教育的推進、佛教知識的普及化，以及現代化佛學研究水平的逐步提高。本叢書所收各書，可供一般讀者、佛教信徒、大小寺院、佛教研究所，以及各地學術機構與圖書館兼具可讀性與啓蒙性的基本佛學閱讀材料。

　　本叢書分爲兩大類。第一類包括佛經入門、佛教常識、現代佛教、古今重要佛教人物等項，乃係專爲一般讀者與佛教信徒設計的普及性啓蒙用書，内容力求平易而有風趣，並以淺顯通順的現代白話文體表達。第二類較具學術性份量，除一般讀者之外亦可提供各地學術機構或佛教研究所適宜有益的現代式佛學教材。計劃中的第二類用書，包括(1)經論研究或現代譯注，(2)專題、專論、專科研究，(3)佛教語文研究，(4)歷史研究，(5)外國佛學名著譯介，(6)外國佛學研究論著評介，(7)學術會議論文彙編等項，需有長時間逐步進行，配合普及性啓蒙

教育的推廣工作。我們衷心盼望，關注現代化佛學研究與中國佛教未來發展的讀者與學者共同支持並協助本叢書的完成。

傅偉勳、楊惠南

自　序

一

　　接受了撰寫印公導師傳記的稿約後，我的心情是並不輕鬆的。

　　算起來，研讀導師著作，深受導師恩澤（包括思想的啓發與生活上的照拂），這種得以親近大德的機會，是讓許多學者及後學羨慕的，但我除了有些闡述導師思想精華的講學與著述，聊以報恩之外，深深覺得：自己也算是辜負導師期許的一個不肖弟子——因緣際會，使得我不能不爲佛教的尊嚴與弱勢眾生的權益而奮鬥，雖已因摒絕應酬與諸多演講邀約，而將時間生命做了最大效益的發揮，也多少達到了預期的目標，但畢竟沒能（最起碼這幾年看來也無法）達到恩師的期許。六月間，一位法師貿貿然向我說：

　　「你不要讓導師失望！」

　　我正色回答他（並於事後也向印公老人覆述如下答詞）：

「緣起的世間，因緣的演變太過複雜。當年我從福嚴精舍下山來到臺北，自己又何嘗想到一步一步走到今天的路上？唉！因緣既非你我所能操控，我看誰也不要對誰寄予什麼希望，省得日後失望！」

然則當東大圖書公司找上我寫印老人傳記之時，我必須承認：這不祇是一篇單題論文，而是要全面回顧印老人的生平事蹟、思想與著作，如果我不能跳開現在的「我」那種感恩亦復感愧的心情，而站在第三人的立場敍事論理，我擔心會不夠客觀。

果然，光是名稱的支微末節，就夠我受的──我如何可能捨「導師」一名不用，而像一般學者一樣通篇「印順」長「印順」短呢？這種尷尬，細心一點的讀者尋看字裡行間，即可分曉。

困難也還不祇於此，稿約規定：這預期是一本向一般讀者介紹佛教人物的通俗性傳記，字數也以不超過十萬字為宜；儘量兼具趣味性。試問：我如何可能將這樣一位思想性人物那些學術功力深厚而體大思精的等身著作，化約成簡要的文字，避開專業術語，而介紹到讓「一般」(甚至可能是沒有佛法基礎知識的)讀者都能看懂呢？我又如何能在如此平淡過日而嚴明慎思的老人身上，捕捉所謂的「趣味性」呢？

然而雖有諸多疑慮，我仍然硬著頭皮接下了這個「讓世人認識一代高僧」的棒子，除了「報師恩」的心情使

然之外，也客觀評估：在臺灣的佛教學界，鮮有像我這樣的「幸運者」，不但得以在六年期間，兩度開課，以三年爲一期，帶領學生研讀導師著作，而且還得以親炙師門，在書本以外，了解老人的實際生活，以及許多在書本中未提，卻在閒談之中說到的想法看法。

當然，迫於字數所限，這些不可能一一化約在傳記之中，但基礎上總比一般學者更能熟悉傳記主角，是則書傳一事，又怎能因困難而卸責呢？

於是排定，在今年七、八兩月禁足用功期間，直接在電腦上書寫，以二十天時間把任務完成。

果不其然，寫到思想的部分，「人間佛教」或「淨土思想」還好些，但要述介諸如導師對印度佛教史的五期分類或導師對「大乘三系」的看法等等內容時，簡直無法用簡單扼要而初學者都看得懂的文字來作介紹。於是祇好將這屬於印老人思想最精華也最深奧的部分，反而用最少的篇幅，不加詮釋地帶過。至於像「人間佛教」或「淨土思想」這些初學者較有受用而又較易了解的部分，還反而有較多篇幅的說明與發揮。

我也祇能慚愧地說：這是配合叢書編輯原則所能達到的極限了。印老人對大乘三系的研究，光是這個主題，就要另行寫成學術性的專書，而且估計可能得超過十萬字吧！

在此，要謝謝悟殷法師，他的史學素養極好；這次於到大馬講課前夕，忙中爲本書出現的重要人物查索生

卒年月，爲我省了不少工夫。

二

印老人一生因思想超越那個庸常的時代而不受理
解，甚至連他最感念的老師太虛大師也不例外。算起來，
以師生的這部分因緣而言，我算是幸運的。民國七十三
年，偶因印老人大弟子慧瑩法師造訪，知我於常住事忙，
印老人乃介紹我到福嚴佛學院教國文，以安靜的山居環
境，意圖成就我的道業。那時的副院長依道法師和訓導
主任慧潤法師(是印老人的徒弟)，有一次在閒談之中告
知：

「導師特別交代：我們不要把行政工作分攤給你，
好讓你除了教書之外，得以全心做學問。」

賴印老人之慈蔭，我在這兩位法師辛勞撐起的大傘
下，專心致志，讀書寫作，打下了教理方面的好基礎，
爾後在忙中用功，講與寫也才得以維持一定水準。

待到人事因緣變化，我毅然遠離這個哺育我以法乳
的山林道場後，迄今已近七年。雖然祇能在忙中歲月偷
閒讀書，但是從也不曾後悔邁出這一步，因爲時節因緣
使我不得不鑽出學術的象牙塔，體會時代的脈動，警覺
到：佛弟子在這講求「參與」的時代，不問民間疾苦，
自以爲「清高超然」而逃避參與，逃避一切立場鮮明的

社會或政治性議題，那祇有把命運逼到死巷，而再一次
重演「多數人口而淪爲弱勢」的悲劇。這些識見，是我
過去在山裡純學術的思維中所不曾產生的。我於是想起
「士必器識而後文藝」這句儒門名語。

　　雖然我行我素，從不把別人的誤解放在心上，但是
面對一位對我期許良深的恩師，我是沒有勇氣讓他「失
望」的，而因緣際會，又使我暫時不可能回到昔日整日
泡在書堆中的生活，無已，祇有在每一次禮謁老人時，
向他分析我的所見所聞所想所做。不敢要求他的認同，
最起碼讓老人知道一切我的轉變，是「事出有因」的。

　　以他行將九秩高齡的年歲與多病屏弱的身體而言，
已不可能廣泛閱讀各類報章，來了解臺灣社會的脈動了。
但在教界傳統封建人士對我視若異端乃至寇讎，而不免
將壓力放到他的身上時，他卻以無比的涵容，原諒了我
辜負他期許的部分，並且仔細聆聽我對政局時事的分析，
甚至主動問我「反核四」之類的社運訴求之內容道理。
祇要合乎情理，縱使議題對他而言十分陌生，他也都慈
祥地聽我這一介後生小子高談闊論。當我遭致教內某些
保守人士的暗箭中傷時，他並不遂彼意而將我「掃」出
師門，反而以沉默來表示他對我的寬容與支持。——也
許是因爲他護惜後生，所以也不免揹負「把昭慧寵壞了」
之類的怨言；**但更多的寬宥應是來自他「走過來時路」，
深知要走到傳統僵化思想的前端，打破一般慣性思考與
行動的模式，是何其不易！**

印公已老，但容受新時代訊息的敏銳觸角並未萎縮。在每一個世代，老人而不成爲打壓革命的「保守上座」者，幾希！連年少時叱咤風雲的革命健將，都很少逃過這個社會法則；但從不把「革命」掛在嘴邊的印老人，卻以他永遠天眞而有創發力的心靈，打破了這個法則。智慧第一的文殊菩薩稱美善財童子：

　　「你將要與我一樣的被人稱美爲永久的童年！」

　　我相信，倡導「青年佛教」的印公導師也將被世人稱頌爲永遠的，悲智莊嚴的青年！

　　　　　　　　　　　　　　　八十三年八月二日
　　　　　　　　　　　　書序於弘誓學苑，時禁足中

人間佛教的播種者

目　次

一・那個孤寂的身影

普陀山進香

普陀山前山的錫麟堂，一個二十開外的青年，以香客的身分住了進來。身形高䠷瘦削的他，氣質沉靜，少言少語，有書卷氣，臉上也有著掩不住的孤獨感。

普陀山，是中國四大聖山之一，傳說是中國人信仰最深的觀世音菩薩示現的道場，所以每天香客絡繹於途。這時正是天氣燠熱的夏秋之交，香客們自全國各地來到浙江寧波，再從寧波跨海湧來朝山膜拜；生活的勞苦與信念的虔誠，全寫在他們的臉上。大多數香客「祈福求安」的世俗性目的，與山中僧侶致力於「涅槃寂靜」的神聖性修持，看似矛盾，但是在觀音菩薩寬廣的慈悲心中，卻作了巧妙而和諧的結合。

此刻，借宿錫麟堂上的這個帶著書卷氣的青年，木訥寡言，祇是在日裡坐著「兜子」，前山後山的逢佛敬香。他的存在，引不起山裡僧眾的特殊注意，因為他和其他「香客」來到山上的情形，幾乎沒有甚麼兩樣。他孤獨地穿梭在這個寺宇多、僧侶多、香客多的聖地，心裡一

片茫然。

到了第三天下午，該走的地方似已走遍，他的問題卻仍懸而未決；無可如何中，他端坐在客房前廊下，靜默地看著佛書。一個青年香客經過，瞥見他看的是佛書，就挨近他的身邊，自我介紹起來：

「我姓王，南通白蒲人，我這次是來普陀山出家的！」

這個靜默寡言的青年，歡喜得幾乎失聲叫了出來：

「同道，同道——王先生！我也是想要出家的呀！」

這是他離家以來，第一次向人吐露內心的秘密。名為「張鹿芹」的他，那年二十五歲。普陀山寺院繞遍了，卻連一個「出家」意願，都怯生生不敢開口，身體寡薄，性格內向的他做夢也想不到：自己日後竟然著作等身，被譽為「玄奘以後第一人」，而受到國際佛教學界的推崇，也成為全國佛教徒所敬仰的思想導師！

孤寂的童年

清光緒三十二年，農曆三月十二日（清明前一日），他出生在浙江省海寧縣，離盧家灣鎮二里的一個小農村裡。張家有不到十畝的田地，父親學義公，經商於離家七里的新倉鎮——近錢塘江的小鎮，算是個半農半商的

家世。母親陸氏，身體衰弱，晚年始健。

母親懷胎僅七月而早產，又因身體不好而缺乳；以致於他生後第十一天，即患重病，幾至夭折。由於先天不足，後天失調，他從小瘦弱，面蒼白而乏血色。

身體寡薄，發育卻又早又快，十五歲就長成定型了的高瘦身材──一七六點五公分。這樣的身形，同時也影響著他的個性與命運。他在六十六歲那年寫就的自傳〈平凡的一生〉透露：身分證登載的，比實際年齡多五歲。他記述原因：

「我又不要逃避兵役，又不會倚老賣老，為什麼多了五歲？說起來是可笑而可悲的。（民國）三十年，我任合江法王學院的導師。晚上去方丈室閒坐，宗如和尚問我：『導師！你快六十歲了吧！』我聽了有笑不出哭不出的感覺，祇能說：『快了！快了！』三十六歲的人，竟被人看作年近六十，我那憔悴蒼老的容貌，與實際年齡太不相稱。說出實際年齡，是會被外人（在家人）譏笑的。從此，就加上五歲。說習慣了，三十五年（四十一歲）在開封辦身分證，也就這樣多報了五歲。」❶

從這樣的一個小故事中，不難體會他生就的是內斂害羞的性格，這個性格，又因於他寡薄瘦長的身形，而

---

❶ 印順法師：《華雨香雲》，頁一四二～一四三。

在無形之中得到增強。

張家的人口簡單，他祇有一個姐姐，出嫁幾年就死了。民國元年，才七歲，他就離開慈母，隨著父親去他經商的所在——新倉鎮，先是進私塾，後改入初等小學。民國四年冬，十歲，他小學畢業。這四年期間，父親生意忙碌，除了照顧換洗衣服、理髮之外，缺少了慈母那樣的關懷。畢業後，在家裡自修了半年，翌年秋天，他十一歲，又去到離家二十多里的硤石鎮，在西山下的開智高等小學，插班二年級，寄宿學校之中。這回連父親也不在身邊了。日後他回憶這段日子：

「自己還不會照顧自己，不知道清潔、整理。鄉下來的孩子，體格差，衣服、文具都不及同學們，產生了自卑感、孤獨感，什麼都不願向人傾吐。除了極親熱的，連向人說話都是怯生生的。」❷

在功課方面，他的成績不差，特別是在高小三年級，得張仲梧先生授國文，他在作文方面，有了長足的進步——善於仿古，又長於議論；一篇題為〈說虎〉的習作，得到滿分加二分。這些優異的成績，也使他在性格中，建立自尊自信的一面。——他當然沒有料到：往後他竟終生寫作而不輟，把這方面的長才，發揮到了極致！

<hr>

❷　印順法師：《華雨香雲》，頁一四四。

民國七年十月間，第一次世界大戰結束。但在寧靜的小鎮裡，似乎什麼事也不曾發生。那年夏天，他十三歲，開智高小畢業。以正軌教育而言，算是就此失學了。

二・悠遊尋覓的歲月

由醫入仙

畢業之後，父親學義先生見他內向木訥，拙於應酬，料定他非貨殖之才，因此倒也無心強愛兒之所難，不曾硬留在身邊幫忙店務；又看他天性聰敏，是讀書的根器，於是介紹到一位中醫師家裡學醫。從十三歲夏到十六歲秋，一學就是三年。三年期間，醫師並沒有敎他什麼，他只是摸索著自己學習，由此而略識醫理。至於百草藥性，則隨閱隨忘，所以也沒什麼興趣。

倒是看到《神農本草》、《雷公泡製》說到的何藥可以延年、何藥可以長生，乃至奇經八脈的任督二脈對於長生的重要性，引發了他的興趣。「醫道通仙」，於是他默默的將興趣移到醫道的另一面，津津有味的讀些《抱朴子》、《呂祖全書》、《黃庭經》、《瀋性窮淵》、《性命圭旨》、《金華宗旨》、《仙術秘庫》、《慧命經》一類道書；對《奇門遁甲》等類旁門秘術，他也饒富興趣。但是道書生澀難懂，有道是：

「欲知口訣通玄處，須共神仙仔細論!」

於是他決定「學仙」去。那時，他甚至進過「同善社」，學些靈子術或催眠術。雖然整個人沉浸在巫術化的神道教中，著重的是長生不老與神秘經驗，但是這些摸索，對於他目光的擴大，真理的追求，卻還是有著良好的影響。

道・儒・基督教

暗中摸索了兩三年，父母發現了，唯恐他學仙著了迷，於是父親推介他回到新倉母校任教。此後整整八年，他一直執教小學——有公立學校，也有私立的教會學校。

對於教小學一事，他自認為是「不合格」的。原因不在於他的學力，而在於他的個性。他性格拘謹而不活潑，與藝術無緣，不會欣賞音樂，也不會鑑賞名家字畫，加上體弱，所以大凡圖畫、音樂、體操等功課，他是不能勝任的。

不能勝任，也就沒有興趣。他依舊把興趣放在自己的閱讀上，但已從丹經、術數，而轉到《老子》、《莊子》等等讀物。

起先，受了師友的啟發，開始研究老、莊，同時閱覽一些近代書籍，他的宗教觀開始變了。老莊思想與道教的修煉，不能說沒有關係，老莊哲理也非常深徹；然而「反歸於樸」的理想，在他看來，是不可能的。熟練

人情的處世哲學，說來入情入理，卻不免缺乏強毅直往的精神。而獨善隱遁的生活，對社會也不能給予積極的利益。經過這些思索，他雖對道家哲學與道教修法，仍保持同情，但已不再做道教的信徒，而從仙道的美夢中甦醒過來。

在徬徨的追求中，他回過頭來飽覽儒書。儒家重人事而尊理性，與道家的充滿隱遁及個人主義色彩，大不相侔。儒家有一番修身養志、經世濟民的大道理，算是中國文化的主流。然而他從這其中洞察到一個巨大的缺陷：儒家是平常的、現實的文化，它並不重視宗教，而只把宗教當做政治的輔佐工具。將人生的價值定位在「立德立功立言」，這對於一般人而言，不能織成一幅莊嚴燦爛的光明圖案，缺乏鼓舞攝引力。在下者侷促於倫常家庭，為當前的功利所奴役，在上者容或有一套自圓其說的形上學，卻也不切實際。這使得儒家文化為主流的中國人，不易從崇高意境的仰慕中，喚起光明與熱情，養成強毅堅決的信念。特別是宋朝以後，融合佛道而又抑制佛道「二氏」的理學興起，對於一般宗教，看作是愚民迷信，造成了非宗教──無信仰的社會。此後，在知識階級的儒者間，對宗教的錯覺與偏見，根深蒂固。

他後來在一篇〈中國的宗教興衰與儒家〉中，針對歷代秘密宗教取締無效，反而轉入地下而愈趨迷妄的現象，剖探原因並譴責道：

「這可見，不能尊重與發展高尚的宗教，像儒者那樣的宗教觀，宗教界的情形，會變得更壞！然這不但是宗教界的苦難，也是中國民族、中國社會的莫大傷害。中國民族逐漸的成為拘泥、怯弱、妄自尊大，囿於狹小的現實，不再有雄渾，闊大，強毅，虛心的漢唐盛德了！」❶

也因為老、莊、論、孟，仍有不愜於心處，所以雖前前後後出入其間四、五年，他卻始終沒有成為儒道二家的信徒。

在空虛徬徨中，經朋友介紹，接觸到基督教，他也產生了研讀《舊約》、《新約》的興趣，並閱覽一些基督教的雜誌。這是一個富於社會性（而非個人主義）的宗教，信、望、愛的敬虔與純潔中，有著他在儒道門中所未見到的精神。

他實行禱告，也參加過「奮興會」，然而他終究沒有成為一個基督徒。他在〈我怎樣選擇了佛教〉一文中，分析了「不想成為基督徒」的原因：

「外緣是：那時掀起反基督教運動，雖無關於基督教義自身，而基督教會憑藉國際背景，不免有文化侵略的罪嫌。主因是：某種思想的難以接受。如：信者永生，不信者永火。不以人類的行為（內心與外行）為尺度，

---

❶　印順法師：《我之宗教觀》，頁四四。

而但以信我不信我爲標準。『順我者生，逆我者亡』，有強烈的獨佔的排他性；除屬於己方以外，一切都要毀滅。階級愛的底裡，顯露出殘酷的仇恨。又如靈是神那裡來的，從神而來的靈，經肉的結合而成人。照基督教義(重生才能得救)看來，走向地獄是大多數。全知全能的神，歡喜被稱爲自己兒女的人類如此，這可說是莫測高深，也可說豈有此理！我不能信賴神是慈悲的，所以也不信耶穌可以爲我贖罪。」❷

不到兩年，從基督教而來的短暫光明，又迅速消失了。空虛而茫無著落的內心，恰如狂濤上的小舟一般；情緒低落，時而煩躁不安。就這樣，悶得發慌，以亂讀書爲消遣。

一日，偶讀到馮夢禎的〈莊子序〉說：

「然則莊文郭注，其佛法之先驅耶！」

他心裡一動，開始向佛法去尋求消息。這一年，他二十歲。

---

❷　印順法師：《我之宗教觀》，頁三〇四。

三・向佛法中探消息

自修佛法

雖有了探究佛法的動機，但是苦無師友指點，生活圈子極小的他，也就祇能到附近幾處小廟中，找幾本佛書，讀得似懂非懂。無意中，在商務印書館的目錄中，發現有佛書，於是買到了一些三論唯識典籍——《成唯識論學記》、《相宗綱要》、《三論宗綱要》。因了《三論宗綱要》，而知道有三論；於是又設法購得《中論》與《三論玄義》；後來又求到了嘉祥吉藏的《三論疏》。其後他回憶當時閱讀的光景：

「初學而讀這樣深的教典，當然是不懂的。可是，因為不懂，使我嚮往；不知什麼力量，鼓舞我耐心的讀著。我活像小孩，見大人的作為，一切不懂而一切都感興趣。又像處身於非常富裕的環境，看不了，聽不了，吃喝不了。我在半懂不懂之間，感覺佛法的無邊深廣。」❶

---

❶ 印順法師：《我之宗教觀》，頁三〇五。

在八十自述的《遊心法海六十年》中，他記述當時的用功方式：

> 「那時，不知道佛法有辭典。在商務本的《辭源》中，發現佛法的術語極多，但沒有錢買，就一條條的摘錄下來。經過這一番抄錄，對一般佛學常識，倒大有幫助；但這樣的費時費力，簡直是愚不可及！」❷

一直到老來，向小輩提起當年對佛法所下的工夫時，還客氣地說是「笨人用笨工夫」。但這一份「不了解所以更愛好」❸的固執，確乎透顯了他追求眞理時鍥而不捨的精神！

發現問題

既然沒有人指導，則讀何經論，全憑因緣而定。起始就讀義理艱澀的三論、唯識，當然是「事倍功半」；但是，經過四、五年的閱讀思維，他還是打下了良好的佛學基礎。這時，他已經意會到佛法與現實佛教界的差距；特別是在他居住的海寧縣鄉間：

> 「在這一區域內，沒有莊嚴的寺院，沒有著名的法

---

❷ 印順法師：《遊心法海六十年》，頁五。
❸ 印順法師：《遊心法海六十年》，頁四。

師。有的是香火道場，有的是經懺應赴。我從經論得來的有限知識，不相信佛法就是這樣的……。」

「我的故鄉，寺廟中的出家人（沒有女眾），沒有講經說法的，有的是爲別人誦經、禮懺；生活與俗人沒有太多的差別。在家信佛的，祇是求平安，求死後的幸福。少數帶髮的女眾，是『先天』、『無爲』等道門，在寺廟裡修行，也說他是佛教。理解到的佛法，與現實佛教界差距太大，這是我學佛以來，引起嚴重關切的問題。」❹

其實這種佛教衰敗的氣象，不但是海寧一帶如此，可以說，整個中國，除了少數幾個叢林，還維持著清修禪講的門風，或重視戒律清規，其餘或多或少都已變質，淪落到僅餘儀式的軀殼了。

這種理想與現實的落差，並沒有使他對佛教「望望然而去」，反而促進他更努力探求「純正佛法」（當時他意解到的「純正佛法」，就是三論與唯識）；希望修學有成時，能夠宣揚「純正的佛法」。他開始思維一個問題：

「這到底是佛法傳來中國，年代久遠，受中國文化的影響而變質？還是在印度就是這樣——高深的法義，與通俗的迷妄行爲相結合呢！」

還有，問題到底是否可以避免發生？此後是否有改

---

❹ 印順法師：《華雨香雲》，頁四；《遊心法海六十年》，頁五。

善之道?

他曾在他最受佛教徒歡迎的一本通論性著作《成佛之道》中，作如是偈頌：

「不忍聖教衰，不忍眾生苦，緣起大悲心，趣入於大乘。」❺

這幾句話，正也是他畢生治學的原動力。——「不忍聖教衰，不忍眾生苦」，這樣的悲心，早已萌芽於最初學佛的如上反省之中。他晚年如是述說自己的治學動機：

「我立志為佛教、為眾生——人類而修學佛法。……我重於考證，是想通過時地人的演化去理解佛法，抉示純正的佛法，而丟下不適於現代的古老方便，不是一般的考據學者。」

「治佛教史，應理解過去的真實情況，記取過去的興衰教訓。佛法的信仰者，不應該珍惜過去的光榮，而對導致衰落的內在因素，懲前毖後嗎？焉能作為無關於自己的研究，而徒供度藏參考呢！」❻

立志既已篤定，要怎麼往這條路走下去？這就有待時節因緣了。

---

❺　印順法師：《成佛之道》（增註本），頁二五九。
❻　印順法師：《遊心法海六十年》，頁五〇；頁五三～五四。

四・邁向出家之旅

家庭變故

生活在方圓五十幾華里的小天地裡，雖無適當的參訪道場，但是從書本上，知道些名山古剎的名字。為了佛法的信仰，為了真理的探求，他願意出家，到外地去修學。

另一個促成他出家的動力，是家庭的變故：

民國十七年，清明後八日——農曆閏二月二十三日，慈母陸氏不幸在不到四天的卒病中去世。這引起他內心極大的震撼與悲傷，幾乎不知所措。農曆九月裡，住在同一祖宅的叔祖父士淦公死了。十八年農曆四月二十七日，父親學義公又病了兩個多月，終日安詳地在睡眠中去世(極可能是肺癌)。一年多來，一直在求醫求藥，辦理喪事，似乎人生祇是為此而忙碌。內心的沉悶抑鬱，在近年來佛法的熏習下，引發了他出家的決心。

這時，他的內向個性，就使他產生了困難。原來，他一向不活躍，不會找機會，主動與人交談，所以沒有熟人，就不知要誰介紹道場。他想：一個外來的年輕人，

沒有介紹，有誰會留他出家呢！

　　因緣竟然也就來了！十九年，他二十五歲，上學期，先將小學教職告一段落。農曆五月間，看到報上刊出大幅廣告──「北平菩提學院招生」。主辦者是大愚法師；籌備處是「北平東四馬大人胡同齊宅」。秋季開學，遠道的可以通信考試。資格是男性；二十歲以上，三十歲以下；僧俗兼收。

　　這一消息，如暗夜明燈，照亮了他要走的前途。他想：三年修學期間，總會熟識幾位出家同學，介紹到那個道場出家，應該不是問題。於是他就著試題「佛法以離苦得樂為目的論」，通訊作答。

　　「准予入學」的覆函來了，但是開學時間則「另行通知」。他天天等通知，卻是音訊全無。急於修學佛法的心情下，他索性先動身到北平去等開學。這年農曆閏六月二十九日早上，他踏上了離鄉之旅，奔赴古都。

離鄉背井

　　他先到上海，從上海乘坐輪船上天津，再坐車到北平。那時正是召開擴大會議，中央空炸懷仁堂的時節。直赴「齊宅」探問，說是「籌備還沒就緒，開學沒有確定期間，遠道的應等通知再來」。這一下，他可有點惶惑了。到某寺佛經流通處購書，與人談起菩提佛學院，方知由於時局（閻錫山與馮玉祥的軍閥交戰情勢逆轉）的關係，原本受到軍政名流推崇的大愚法師，失去了信任

與支持，學院於是告吹了。戰爭本來與他沒有關係，卻破壞了他出家修學的計畫。

由於人地生疏，口音不通，諸事不便，他只好又循原路，迢迢返回上海。在上海旅社住了幾天，想去寧波天童寺，於是搭輪船到了寧波。問到天童寺交通不便，又打消了去意。在旅館又呆了幾天，就是沒勇氣向人訴說想要出家。忽然想起：南海普陀山離寧波不遠，不如先去禮佛敬香，再看機緣。就這樣，幾番折騰，他到了普陀山。

在普陀山閒逛了三天，他依然不知要向誰，要怎麼提起出家的願望，不料眼前這位王先生竟所願略同，這使得他們片刻間成為知己，成為茫茫人世的良伴。兩人作伴好商量，他們依著王先生所攜帶的《普陀山指南》，仔細檢閱，希望找個理想的地方出家。發現在「般若精舍」下，寫著「藏書極富，主持者有道行」幾個字。當下商量決定，第二天上午，就到般若精舍拜訪。

出家受戒

般若精舍住著一位嚴肅而安詳的老和尚。聽說來人想要研究佛法，就為他們略說佛法大意。又聽他們說想要找僻靜處安住修學，於是熱心為他們介紹西南角一里路左右的「福泉庵」。

到了福泉庵，依老和尚的吩咐，說是「般若精舍老法師指導來的」，言明來意。當家（普陀山的小廟住持，

就叫作「當家」）是一位鬚髮皆白的福建籍老和尚，法號
「清念」（1875-1957），他當下點頭稱允，他們下午就移
住福泉庵。

　　第二天傍晚，一位自稱王君兄長的姜先生追蹤而至，
這時他才知道王君實姓姜。姜君被哥哥帶回去了，他祇
好一個人繼續住下去。直到十月十一日，因緣成熟，他
就在福泉庵禮清念老和尚剃度出家，法名印順，號盛正。
而般若精舍的老和尚，原來正是民國高僧昱山上人，是
太虛大師（1889-1947）的戒兄，被太虛大師稱譽爲「平
生第一益友」❶。由於出家因緣是昱山老和尚的指示促

清念和尚道影

成，遂依普陀山習俗，禮昱公為「義師父」。

繞了一大圈，跟一位言語不通的福建老和尚出家，因緣實在不可思議。而出家後，又受到老和尚的慈蔭，開始漫長的修學生涯，這祇能說是夙世緣分吧！

是月底，正好天童寺開戒，他與師兄盛明，同去受具足戒。天童寺是他出家前想去而沒去成的地方，想不到出家後，他還有殊勝因緣到此受戒。名山的莊嚴氣氛，讓他留下了深刻的印象。戒和尚是年初到任天童寺住持的圓瑛長老(1878-1953)，長老是近代高僧，楞嚴專家，雖與太虛大師理念不合而日趨疏遠，但早年與太虛大師也有金蘭之盟。日後印順法師進入太虛大師所創設的佛學院，由學而講，而著書立說，可以說，太虛大師和他的因緣是甚深的，但在他還沒見過太虛大師時，就已和太虛大師的兩位深交昱山上人和圓瑛長老，結下了殊勝的法緣。

五‧求法、教學的生涯

閩院求學

在普陀山度過了出家以後的第一個農曆年。由於在一般寺院，不可能專心修學，修學也沒有人指導，於是他有到佛學院進修之意。是（二十）年二月，他二十六歲，受到清念上人的慈允及資助，到閩南佛學院求學。

閩南佛學院（以下簡稱「閩院」）創辦於民國十四年，院址設於福建省廈門市之南普陀寺。學制三年，院長由該寺住持兼任。首任院長是會泉法師。民國十六年，太虛大師接任，十九年又增設研究部。當他來此就學時，實際主持者已是大醒（1900-1952）、芝峰（1901-?）二位法師。

由於程度不錯，他直接插入甲班(二年級)。一學期中，聽了《三論玄義》、《大乘阿毗達磨雜集論》與《俱舍論》的小部分，暑期考試還沒有終了，就因病而休學了。病中天天瀉肚。同學勸他醫治，他總是以「明天再說」作為推託之辭，其實原因是沒錢。幸有又信同學(普陀山錫麟堂子孫)為他以廉價土方止瀉，病才漸漸好轉。

但病後沒有調養，逢到天氣炎熱，又睡不著，身體不免虛弱下來，精神一直不能恢復。

開始寫作

這一學期，是他寫作的開端。他在《現代僧伽》上發表了兩篇論文：〈抉擇三時教〉、〈共不共之研究〉。前者是就智光與唯識學派的兩種「三時教判」，抉擇而予以融貫，這是學習太虛大師的融貫手法。他在那時讀到太虛大師的〈大乘宗地引論〉與〈佛法總抉擇談〉，對太虛大師之博通諸宗而善巧融貫，感到無限佩服，所以習作也就傾向此一風格。後者發表之後，頗受太虛大師的重視；他於次年四月撰〈評印順共不共研究〉，於鼓勵之餘，也提出「缺誤之處」而評論之 ❶。這是大師與印順法師師生之間第一次的文字因緣，那時，這兩位先後主導中國佛教思想的大師還未謀面，但太虛大師已注意到這位天才學生，知道他身體不好，寫信要大醒法師多關心他的身體。惜才之情，溢於言表。

由於在家時的暗中摸索，是從三論、唯識入門的；恰好那時的閩院，也著重三論與唯識，所以他在這個學團之中，覺得思想非常契合。

唯識宗義理繁瑣而艱澀，與中國人好簡略的民族性不合，所以儘管在盛唐之世，有玄奘、窺基之弘傳，氣

---

❶ 《海潮音月刊》，第十三卷，六月號。

太虛大師道影

　勢如麗日中天，但是此後則迅速衰微。益以唐武宗毀佛，
典藏章疏殆皆蕩然，法脈也更是無以爲繼。由於清末楊
仁山 (1837-1911) 先生從日本請回大量在中國業已遺佚
的唯識章疏，刺激了國內研究唯識的風氣；民國以來，
復有「南歐 (歐陽竟無，1871-1943) 北韓 (韓清淨，1873
-?) 」大力提倡唯識，唯識宗於是受到了學界的重視。至
於引領著時代風潮的僧衆領袖太虛大師，其思想根源在
《楞嚴經》和《大乘起信論》，但也推重法相唯識，特別

是玄奘的新譯。他曾說：

「整僧在律，而攝化學者世間，需於法相。」❷

那時，針對梅光羲的〈相宗新舊二譯不同論〉，太虛大師還有「書後」之文，推重玄奘新譯。然而鎮江的守培長老（1884-1955），卻作〈讀相宗新舊二譯不同論之意見〉，以為舊的唯識宗派（「地論宗」、「攝論宗」）都對，新的法相宗都不對。不但是相宗開祖的玄奘、窺基不對，玄奘所宗本的護法（大約481-560）也是「妄立有宗」，就連世親菩薩也有問題了！

這時的印順法師，祇是因病休學的一介學生，還沒有宏觀地建立「大乘三系」的全盤思想史理論，但是對於唯識義理，已有相當程度的掌握，所以，在閩院同學不滿守培長老的氣氛下，他在鼓山湧泉寺撰為長篇的〈評破守培上人讀相宗新舊二譯不同論之意見〉，為法相宗作辯護者。這篇文章，刊在翌年四月號的《海潮音月刊》。自此守培長老和他，一老一少，展開往復冗長的論辯，一直延續到他離閩院而去閱藏之期。

由學而講

八月初，代院長大醒法師要他去鼓山湧泉寺的佛學

❷　太虛大師：〈相宗新舊兩譯不同論書後〉（《太虛大師全書》精裝，第二十五冊，頁一一○）。

院教課。此是虛雲老和尚（1840-1957）之所創設。原先老和尚應福建省主席楊樹莊與前任代主席方聲濤之請，重回鼓山以整頓道風；鑒於僧青年廢學，遂將原有學戒堂，改為「湧泉佛學院」，請大醒法師任副院長，教師由其推介。在鼓山，印順法師禮見了當代的名德——虛雲與慈舟（1877-1958）二位長老。山上空氣清鮮，他的健康狀況也就稍有改善。年底，他回廈門過舊曆年。

大醒法師道影

　　翌年上學期，大醒法師要他為同班（甲班）同學開課，講三論宗的要籍《十二門論》。同窗半載而就升格為同學的老師，由此可見得他在佛學方面的成就，業已嶄露頭角，而受到師長的器重。素來平和的態度、縝密的思維與深厚的學力，已使他受到了同學的認同，此時授課，更是以其內容精闢而獲得了同學的讚歎！這一年，

他二十七歲。他回憶說：那是在「經不起人說好話⋯⋯沒有那股斷然拒絕的勇氣」❸的情況下，勉強答應下這分教職的。

暑期中，他發言不慎，被大醒法師誤以為左祖學生。他於是警覺到：自己是為求法而來的，聽不到四個月的課，就在這裡當法師，出道過早，對求法有礙。原先就勉為其難答應授課的他，於今更無心戀棧，祇想先自求充實。

而且，也就因為年來有關相宗新舊譯的論諍，漸漸地引起了他的內心反省：這是千百年的老問題了，舊譯與新譯的思想對立，難道都出於譯者的意見嗎？還是遠源於印度論師的不同見解？抑或是論師所依的經典就已有所不同呢？這是佛法中的大問題，他覺得自己理解得還不夠充分，並不能夠決了，在經論的研究上，還有待充實。

但是在師長面前，他還是拿不出勇氣斷然求去，於是寫信給普陀山福泉庵，要他們寫封信來，說是他的家人來找，吵吵鬧鬧，叫他回去自行處理。他就拿著這封常住來函去告假。大醒法師眼看留不住他，無可奈何之中，臨別贈詩：

「南普陀歸北普陀，留君不住但云何！

---

❸　印順法師：《華雨香雲》，頁一○。

去時先定來時約，莫使西風別恨多。」

對這位高材生，法師的惺惺相惜之情，透於言表。

人生佛教

在閩院的這段求法歲月裡，除了致力於三論、唯識方面的義理研究之外，他也深受太虛大師「人生佛教」思想的影響——雖然那時還未親聆教誨。

太虛大師在民國十四、五年，提出了「人生佛教」，在對日抗戰期間，還編成一部專書——《人生佛教》。「人生佛教」有兩重意思：

一、對治的

中國佛教的末流，一向重視的是「死」和「鬼」，這引出了無邊弊病。大師為了糾正它，所以主張「不重死而重生，不重鬼而重人」，以人生對治死鬼的佛教，所以以「人生」為名。

先講「重死」的問題：佛法的重心，是「了生死」的解脫道或「成佛道」的菩薩行，但是中國佛弟子，由「了生死」而變成專門「了死」了！如坊間所見《臨終飭要》、《臨終津梁》、《臨終一著》、《人生最大的一件事》，都是學「死」之教。一般學佛修行，動機每在得個好死；禪宗的「臘月三十日到來作得主」，也祇是死得好的證明。大師以為：佛教本義在解決生活，在生活問題的解決中，死的問題也跟著解決了。況且，佛教看待生命，是生生

不已的洪流，生而復死，死而復生，永無止境。爲了解決這生生不已的大問題，故有「了生死」的解脫道。如其不能了生，焉能了死？這又豈是偏重於死而忽略生的心態，所能解決的難題？

由於重視「了死」，也就重視「了鬼」。中國傳統的宗教，以爲「人死爲鬼」。雖接受了佛教的輪迴說，相信鬼可轉生爲人，但他們祇知道人與鬼會互相轉生，卻忽略了人死不一定爲鬼，可以因善業而轉生爲人或天人，也可以因惡業而轉生畜生、餓鬼、地獄。由於「人死爲鬼」的觀念根深蒂固，所以學佛者，甚至往生淨土的信仰者，也還是不願爲鬼而又預備做鬼。依佛經言：唯有餓鬼才需要祭祀；但是中國人卻在人死後，用種種飲食來祭祀他，燒冥紙、冥衣、冥屋等給他用。影響所及，中國佛教不但有繁多的經懺應赴，著重度亡，而且將一些中國的迷信習俗，都引進佛教中來了。連佛學基礎深厚而編過《佛學大辭典》的無錫丁福保先生(1874-1952)，都以爲信佛要先信鬼。大師以爲：這不免會加深了鬼教的迷信。爲對治這類「鬼本」的謬見，大師特提倡「人本」來糾正它。

二、顯正的

大師從佛法的根本與時代的適應去了解，認爲應重視現實的人生：

「依著人乘正法，先修成完善的人格，保持人乘的

業報，方是時代所需，尤為我國的情形所宜。由此向上增進，乃可進趣大乘行——即菩薩行大弘佛教。在業果上，使世界人類的人性不失，且成為完善美滿的人間。有了完善的人生為所依，進一步的使人們去修佛法所重的大乘菩薩行果。」❹

「仰止唯佛陀，完就在人格，人圓佛即成，是名真現實。」❺

這種強調即人生之建設、人格之養成，而圓成佛道的「人生佛教」說，在當時確乎引起教界的廣泛注意。印順法師自從在故鄉學佛的時代，即留意到現實佛教的衰弊，自然會重視此一振衰起弊之理論。後來他所倡議的「人間佛教」，也是在「人生佛教」的理論基礎上擴大而深化的。

不同見解

對於太虛大師所提出的佛教改革運動——包括教制、教產、教理的革命運動，印順法師原則上是贊同的，但多少感覺到：現實佛教的問題，根本是思想問題。他

---

❹ 太虛大師：〈我怎樣判攝一切佛法〉（《太虛大師全書》精裝，第一冊，頁五二八）。

❺ 太虛大師：〈即人成佛的真現實論〉（《太虛大師全書》精裝，第二十四冊，頁四五七）。

雖不像大師那樣，提出「教理革命」的口號，但已打定主意：願意多多了解教理，對佛教思想起一點澄清作用。

深受大師思想影響的他，在判教的方法上，雖由衷敬佩太虛大師的融貫善巧，但是在判教的見解上，卻是接近支那內學院的。

原來太虛大師有「大乘三宗」的理論，認為印度的大乘佛教依其發展先後，應有「法界圓覺宗」、「法性空慧宗」、「法相唯識宗」三大系，但是梁啓超的〈起信論考證〉，卻認為《大乘起信論》非馬鳴所作，而是中國論師的作品。果爾如是，則立本於《大乘起信論》的「法界圓覺宗」，絕對不應早於龍樹系統的「法性空慧宗」才是。

再者，支那內學院的歐陽竟無，索性提出「龍樹(法性宗初祖) 無著 (唯識宗創始人)，兩聖一宗」的看法，否定法性 (三論) 與法相 (唯識) 兩宗之外，有第三宗；亦即不承認「法界圓覺宗」是佛法。由於後者的「真常唯心」氣息濃厚，確實稍與不立本體論的佛法根本義有所扞格，所以當時在這方面，印順法師受到內學院的影響，也認為大乘祇有兩宗。

後來印順法師雖在閱藏中有所發現，而修正了此一見解，但是教判問題，始終都是他和太虛大師之間論辯的焦點。

六‧普陀山閱藏

閱藏插曲

二十一年夏天，回到普陀山後，他住到佛頂山慧濟寺的閱藏樓，開始前後長達三年的閱藏生涯。在這中間，因其他事緣，曾間斷一年；所以從初返普陀至閱完全藏（二十一年夏至二十五年秋），約計四年。在《平凡的一生》中，他提到這間斷一年的行蹤：閱藏一年半後，二十三年農曆正月，他到同是太虛大師所創辦的武昌佛學院（以下簡稱「武院」，那時名爲「世界佛學苑圖書館」），意欲閱覽三論宗的章疏。

在還未到武院時，舊曆新年裡，他先與華清法師去雪竇寺，在那裡，第一次禮見了太虛大師；然後經上海到南京，訪晤了在中國佛學會服務的燈霞同學，並瞻禮中山陵；又到棲霞山，瞻禮三論宗的古道場；然後才從南京坐船去到武昌，以半年時間讀完三論宗章疏；因爲氣候炎熱，就返回佛頂山繼續閱藏。

在武院時，曾撰〈三論宗傳承考〉（署名啞言）、〈中論史之研究〉及〈清辯與護法〉三文。

不久，太虛大師附來常惺法師 (1896-1939) 的一封信，邀他返閩院教書。那時，常惺法師已任閩院院長，人事有了變動。在當時的青年僧心目中，常惺法師是一位被崇仰的大德，於是印順法師決定去一趟。教學半年之後，二十四年正月，才又回到佛頂山繼續閱藏。這年，他三十歲❶。

當他要離開閩院時，一位蘇北同學聖華，搭衣持具前來頂禮，說是要親近法師。他生於浙江，出家於浙江，不了解聖華長於蘇北寺院的傳統意識。聖華以為印順法師久住佛頂山，將來會在佛頂山做方丈的。他來親近他，將來就有受記做方丈的希望。發現了他的錯覺，印順法師便一再的談些佛頂山歷史與家風，希望他死了這條心，但他著了迷似的，怎麼也不肯相信。二十五年冬天，閱藏已畢的印順法師離開了普陀，聖華似乎失去了一切，不久就變得神經錯亂。他日後回憶道：

「聖華的本性，溫和純良，潔身自好，雖然能力薄弱一些，但可以做一個好和尚。在蘇北佛教的環境中，如出家而不能受記、當家、做方丈，那是被輕視的，可恥的，簡直有見不得爹娘，見不得師長的苦衷。聖華就是被這種傳統所害苦了的！聖華的不幸，使我對於今日佛教的一角，有了新的認識，新的歎息！」❷

❶ 以上所述見印順法師：《華雨香雲》，頁一一～一二。
❷ 印順法師：《華雨香雲》，頁一三～一四。

二十四年四月間，因太虛大師同意留日學僧墨禪法師等籌組中日佛學會以出席「泛太平洋佛教青年會」，印順法師以為：日本軍閥野心未已，中日兩國難免一戰，處此時代，佛教徒宜潔身自愛，不應與具有特務性質的日僧往來。由於措詞激烈，此後與大師睽違年餘。而籌組中日佛學會一事在當日，不唯此一反對意見，而且還有許多發自支那內學院的反對聲浪，卒中輟而不行。

除此以外，年餘時間，他心無旁鶩，全心閱藏。

閱藏生活

作者記得：在他七十九歲那年，有一回作者感慨一般道場事忙，而慶幸他在年輕時有太虛大師的庇蔭，有佛學院的單純環境，可資用功而教學相長。他回答道：

「你說到處都忙，怪的是：不忙的地方還未必有人願意去。」

於是他向我說了一段閱藏往事：

「你說我過去受太虛大師的庇蔭；說起來，我一生最快樂的日子還是在佛頂山。你說怪不怪！有人嫌道場事忙，但佛頂山的藏經單（掛單專門讀藏經）真正可以萬緣放下，一心用功，但還真沒人住。

「藏經單的待遇，比起一般而言，已算是優厚的了。

初一十五之外，不用上殿。清晨四點起板，茶房就敲門進來，端來洗臉水。待我們洗臉好了，他再端出去。茶房還照顧我們吃飯。討藏經單的開一桌（不管幾個人都開一桌），四菜一湯，非常豐盛。雖然沒香菇什麼的，但比起齋堂上的伙食，可就好得多了。早上起板，洗臉已畢，雖不用上殿參加早課，但總也不能睡懶覺啊！我就起來穿好海青，開始看藏經。一年發三個大銀，過年、端陽、中秋各送一個給茶房，也就剛好，沒有餘錢。你看！這麼好的環境，還就沒幾個人來。有幾個年輕人，來住了沒幾天就跑了──沒錢用啊！裡面除了一個老了退休的香燈師，就是兩三個人在看藏經而已。

「在那裡用功，妙就妙在人家也不看輕你，也不尊重你，平平淡淡地，正好用功。說起來，靜也不是那麼容易的事。有些人，你要他靜下來，祇要一個小時，他就心裡發慌，耐不住寂寞。過去譯經院❸的某人說：要來福嚴精舍親近我幾天，我答應了。他來住沒幾天就覺得不對勁，這裡痛那裡癢的，住沒幾天就走了。新北投有兩個出家人，說要閉關，才閉了一個月，就吵著無論如何要出來，憋得快瘋了！

「還有更可悲的事，我說來你聽聽：過去在北平，有個老和尚，發了大心，蓋了十幾二十間寮房，供人用功。來者不限定是要看藏經，念佛持咒均無不可。你看

❸ 民國六十年，美國佛教會創設在臺譯經院於印順法師所建之福嚴精舍，民國六十七年搬至農禪寺，未久結束。

這麼好的環境，竟然一個造就的也沒有。老和尚是大失所望！有些人來時穿得很破，常住爲他縫製新的厚棉袍，他穿著這身棉袍溜之大吉！有一個人想要手錶，那時手錶算是奢侈品，沒想到老和尚就眞的買了個給他戴。後來呢？連人帶錶跑了！」

而印順法師，從二十七歲到三十一歲，在這個黃金燦爛的歲月，就日日與經書爲伍，也眞算是耐得住寂寞的了！他日後輝煌成就的因素，除了高超的智慧，大概還就是「耐得住寂寞」而心無旁騖地繫念修學使然吧。

閱藏心得

耐得住寂寞讀藏經的人固然難找，但還不會完全沒有；但絕無僅有的，卻是他讀經之後領悟教法的智慧。在這段閱藏的年日裡，他的許多重要思想就此醞釀成熟。

八十自述他的閱藏心得時，他作如下之分析：

「三年閱藏的時間，對我來說，實在所得不多。因爲清刻的大藏經，七千餘卷，每天要讀七、八卷（每卷平均約九千字），這祇是快讀一遍，說不上思維、了解。記憶力不強的我，讀過後是一片茫然。」❹

---

❹ 印順法師：《遊心法海六十年》，頁八。

一天讀五、六萬字的藏經，這還不包括晚上所研讀的三論與唯識。可以想見其安排閱讀時間的緊密。這種閱讀速度，當然是以量取勝，而無法兼顧思維了。有了這種經驗，所以他在民國四十五年寫〈編修藏經的問題〉時，敍述這番體會，並提出將藏經「精選」的意見：

　　「記得我初讀大藏，從《大般若經》開始，一字一句讀下去。經過四個月，才讀完《般若經》的七百五十卷。由於每天要讀五六萬字，浮光掠影，不能深切了解。讀完了才覺得，如選讀一百五十卷，甚至精選七八十卷，每天讀五千字，還是一樣賅攝《般若》全部，毫無減略。如每天讀五千字，應有諷誦、吟味、潛思、默會的更多時間；經四個月的修學，不是更深刻了解嗎？可是四個月已經過去了！我沒有空過，卻所得過少。漢文大藏中，重譯的，別出的，綜合而另成部帙的，大同小異的，實在不少。如精選一下，內容還是與全藏一樣，卻節省了時間與精力。這對於主持佛教的（與一般信眾不同，最好能多少了解大藏的各部門），世間學者而想進求佛學的，不是給予更多的方便嗎？」❺

　　「精選」而要得當，也須得有深厚的功力，這是初學者力所弗逮的。作者之所以特引此段文字，意在提醒

---

❺　印順法師：《無諍之辯》，頁一一二～一一三。

初學者留意大德的過來人語。讀佛書，千切不要像「荣籃子裝水」，畢竟貪多是嚼不爛的。「多聞熏習」之外，對深奧的法義，我們要以充裕的時間「如理思維」。

當然，「所得不多」也是謙辭。從他的自敍中，我們大致可以歸納四個重點：

第一、造就宏觀的視野

「從所讀的大藏經中，發見佛法的多采多姿，真可說『百花爭放』、『千巖競秀』！」❻

正因為他閱完全藏，視界廣闊，所以無論談什麼問題，都能從全體佛法的宏觀角度，給這個論題一個適當的定位。而不至於以偏概全或小題大作——那正是時下靠查索引、找資料來湊出論文的學者所容易犯的毛病。

第二、醞釀「大乘三系」理論

「知道法門廣大，所以不再局限於三論與唯識。對於大乘佛法，覺得太虛大師說得對，應該有『法界圓覺』一大流。」❼

西藏學者向來祇承認「四部宗義」——聲聞乘的有部、經部，以及大乘的中觀、唯識；支那內學院以研究

---

❻ 印順法師：《遊心法海六十年》，頁八～九。
❼ 印順法師：《遊心法海六十年》，頁九。

唯識見長，也力主大乘唯有性、相二宗，而不同意眞常唯心思想爲佛法。前章已述：印順法師在閩院求學的時代，也贊同這種看法，但在閱藏以後才發現：眞常唯心思想，雖然在論典中並不多見，卻紀錄在大量的大乘經中。所以他認爲：在思想上可以抉擇其了不了義，但在歷史事實的陳述上，卻不可以把眞常思想確曾存在，並廣大流傳於佛敎中的史實一筆勾銷。

西藏的佛學系統，承襲印度的重論學風，所以不承認眞常一系；支那內學院視唯識爲究竟之談，所以也不承認眞常思想爲佛法。太虛大師尊重中國傳統佛敎，而重視《楞嚴經》與《起信論》傳統的中國佛學主流思想，無疑的是以眞常唯心思想爲主流；所以大師不但認爲應該有「法界圓覺宗」，而且賦與它最崇高的地位。又，由於他認爲《起信論》是生在龍樹（約150-250）之前的馬鳴（A.D. 150年前人物）所著，故將「法界圓覺宗」的產生時段，置於三宗之首。

印順導師與前三者都不同：他雖亦重論（原因下詳），但不囿於宗派之見，也不抹煞客觀事實，而肯定了眞常思想的存在。也因其不囿於宗派之見，所以他從佛法本質的體會及全體佛法的把握中，給予「法界圓覺宗」的定位，是「晚出而非了義」的──這一點，與太虛大師的結論完全相反。他在民國三十年，就以「力嚴」爲筆名，寫〈法海探珍〉，提出「大乘三系」──性空唯名系、虛妄唯識系、眞常唯心系──的看法。其後《印度

之佛教》出，循此三系探索大乘思想的流變，果然立刻引起爭議——不但內學院系有人提出質疑，即便是太虛大師也不表贊同；這是後話。不過從這裡可以知道：他閱藏之後的這個真知灼見，在那個時代，無疑是超越前人與當代一般見解的。

第三、見出大乘經的特色

「大乘經不是論書那樣的重於理論，到處都勸發修持，是重於實踐的。」❽

在這一點上，他對大乘經的價值，仍是相當肯定的。不過就治學而言，他仍是推重論書。如他在敍述自己的治學方法時，就強調是「從論下手」：

「我從研讀論書入門，本是偶然的。有些論典，煩瑣、思辨，對修持有點泛而不切。但直到現在，還是推重論書。因為論書，不問小乘大乘，都要說明生死流轉的原因何在。知道生死的癥結所在，然後對治、突破，達成生死的寂滅。抉發問題，然後處理解決問題；這是理智的而不祇是信仰的。決不祇說這個法門好，那個法門妙：這個法門成佛快，那個法門很快了生死。從不說明更快更妙的原理何在，祇是充滿宣傳詞句，勸人來學。」❾

---

❽　印順法師：《遊心法海六十年》，頁九。

❾　印順法師：《遊心法海六十年》，頁三九～四○。

第四、肯定《阿含經》的重要

「讀到《阿含》與各部廣律，有現實人間的親切感，而不如部分大乘經，表現於信仰與理想之中。」❿

日後他不但以此寫成《阿含講要》（即後來的《佛法概論》），而且在龐大的著作中，一直貫徹「人間佛教」的理念，推崇偉大的菩薩行；並從原始佛教的經律中，找到大乘的源頭。

這些閱藏心得，對他日後探求佛法的動向，無疑的都起了重大的作用。

---

❿ 印順法師：《遊心法海六十年》，頁九。

七‧從普陀到武昌

蘇杭之遊

二十五年秋天，閱完全藏，心情頓感輕鬆。偶去慧濟寺客堂（當時同學頌萊法師擔任知客），才聽說九月裡，蔣委員長（即後來的總統蔣介石先生，1887-1975）五秩大壽。其元配毛夫人在天台山國清寺爲委員長祝壽，在山上普設千僧大齋，通告各方：赴齋者每人結緣海青料一段，銀圓壹元。這個消息，忽然引起他一個念頭：天台山國清寺，是天台宗（智者大師）的根本道場，他從來沒去過。名山勝地，何不趁此齋會，順便去瞻仰一下，一舉兩得！這麼一想，他還真的就在九月中旬，背起衣單，過海趕千僧齋去了。

去到寧波延慶寺，才知國清寺趕齋者人滿爲患，而臨時打消去意；於是在延慶寺住兩天後，又到風景優美的慈谿白湖金仙寺住了幾天，見芝峰法師及守志（即竺摩法師，1914-?）、月熙等同學。國曆十一月五日，偕慧雲、月熙法師遊西湖，先抵錢塘江邊之開化寺。次日上午，往靈隱寺聽太虛大師講《仁王護國般若經》。過了幾

天，開化寺設齋供養大師，席上大師向印順法師提起：武院將辦研究班，希望他前往指導三論研究者。他無意答應，因爲實在無法適應武漢溽熱的氣候。但大師以半強制性的「去一趟」終結了話題。

在杭逗留一週，繼到嘉興楞嚴寺，又轉往江蘇鎭江，訪玉山超岸寺，在那裡會晤爲唯識新舊譯問題而互相論辯的守培長老。然後陸續走訪金山、焦山、揚州、如皋，得領略蘇北寺僧生活情形。後往南通，參觀嗇公墓、吳畫沉繡之樓——樓上藏有歷代名人所畫觀世音菩薩像。復遊狼山數日，這才搭輪船回到上海。

太虛大師所創辦的中國佛學會上海市分會，附設於三昧庵內，臨回普陀山前，印順法師決定去三昧庵見同學燈霞法師。在此巧逢太虛大師及常惺法師，大師重申前議，促他去武院任教。他雖極力推辭，師友卻力勸他接受。大師又拿出二十元作旅費，拙於拒絕的他，就在這「人情難卻」的情況下，將旅費勉強收下。無可奈何中，他暗自決定：去一趟，明年早一點回普陀山度假。

視死亡爲友

從普陀到武昌，已是臘月中旬。民國二十六年三月下旬起，應漢口佛敎正信會之請，講《金剛般若波羅蜜經》。五月初，病瀉的老毛病又發作了，體溫增高，住漢口日本醫院十餘日。這以後，天氣愈來愈熱，病後睡眠不足，飲食減少，身體也就衰弱下去了。從睡眠不足而

轉爲失眠，整天都在恍惚狀態中。有時心裡一陣異樣的感覺，似乎全身要潰散一樣，就得立刻去躺著。無時不在病中，病已成爲常態。常在病中的他，也就因此有一些觀念：

「一、我的一句口頭禪：『身體虛弱極了，一點小小因緣，也會死過去的。』二、於法於人沒什麼用處，生存也未必是可樂的。死亡，如一位不太熟識的朋友。他來了，當然不會歡迎，但也不用討厭。三、做我應做的事吧！實在支持不了，就躺下來睡幾天。起來了，還是做我應做的事。『做一日和尚撞一日鐘』，我有什麼可留戀的呢！但我也不會急求解脫，我是一個平凡的和尚。」❶

國曆七月七日，蘆溝橋對日抗戰開始；八月十三日，淞滬戰事爆發。緊接著，十二月二十四日，首都南京也宣告失守。翌年，戰場延伸到內陸，武漢時受敵機轟炸。印順法師一任業緣，從不躲警報；一天晚上，敵機來得特別多。武院當時住有一位軍事器材單位的管理員，慌忙從樓梯上直滾下來。有人急著叫他，他非但不感激，反而嫌囉嗦。這可反映他那「身體虛弱極了，一點小小因緣，也會死過去」的生死觀。

此時，想回普陀的希望，已無有可能。

---

❶ 印順法師：《華雨香雲》，頁二六。

二十七年七月，武漢告急，這才於中旬與同學止安，經宜昌而乘佛教向領江居士的結緣船，一路航向重慶。就這樣在戰時陪都度過了抗戰歲月。

由赴千僧齋而臨時起興的三星期蘇杭之旅，是平生唯一一次「爲遊覽而遊覽」。卻也恰好使他免除了抗日期間，陷身敵僞的苦境，可說是不自覺在安排避難。

研究方針

住錫武院期間，他撰〈三論宗史略〉，發表於《海潮音月刊》（以下簡稱《海刊》）。除此之外，他在這段期間，讀到了日本高楠順次郎與木村泰賢合編的《印度哲學宗教史》以及木村泰賢的《原始佛教思想論》；還有結城令聞所著，墨禪所譯的《關於心意識的唯識思想史》。這幾部書，使他探求佛法的方法，有了新的啓發：

「從現實世間的一定時空中，去理解佛法的本源和流變，漸成爲我探求佛法的方針。覺得惟有這樣，才能使佛法與中國現實佛教界的距離，正確的明白出來。」❷

對於結城令聞的著作，因爲見地不同，當時就想另寫一部唯識思想史。不過病多、事大，也就拖延了下來。

---

❷　印順法師：《遊心法海六十年》，頁九。

八‧抗戰歲月

漢院靜修

從武漢、宜昌一路乘船到重慶，第二天，就與止安法師到了北碚縉雲山，住在漢藏敎理院（以下簡稱「漢院」），與法尊（1901-1981）、法舫（1904-1951）、塵空、雪松等諸法師共住約一年半。初來時，學院已經開學，所以他住在（敎師住處的）雙柏經舍，祇是自修而已。

民國二十八年冬，月耀法師知道他原有《唯識思想史》的寫作心願，鼓勵他寫，並願代爲筆記；這才向法尊法師商量稿紙，開始他的工作。寫不到四分之一，月耀法師迫於現實環境，暫時打點生活去了。

民國二十九年，印順法師應漢院學僧明照法師的邀請，前往貴陽，住大覺精舍自修。初到異地，寫作暫時停頓。夏天，他終於寫完了第一本書《唯識學探源》。冬天，他回到漢院度歲。

三十年上學期在漢院授課。中秋節前夕，老毛病又發作了。先是整晚腹部不舒服，輾轉難眠。翌晨起床，天色微明，他想起身上廁所，身體坐起，兩腳落地，忽

然眼前一片烏黑，一陣從來沒有經驗的疲倦感。他默念：
「南無佛，南無法，南無僧。」以試驗自己在異樣境界中，
自身是否明白。接著想：「再睡一下吧！」以後就人事不
知，休克了一個多小時。待到醒來，滿褲子是糞，這才
知道是腹瀉引起的虛脫。

合江法王學院

這年秋天，演培法師等，在四川合江縣法王寺，創
辦法王學院，禮聘印順法師為「導師」（從此，「導師」
這個稱呼，就變成學衆乃至教界對他的共同稱謂了）。導
師原是不負實際責任的，但適應事實，逐漸演化為負行
政責任的院長。

三十一年初夏某晚，法王寺配合政府規定「二五減
租」佃約，印順法師幫忙計算核對，一直忙到凌晨三點
多鐘才結束。由於過度疲勞而失眠，早餐後，還是無法
入睡，於是出去散步。寺在深山，沿途是高低不平的曲
徑。經過竹林旁邊，被地上落葉一滑，就身不由主地跌
了下去。這一跌，連翻了四層坡地，共有四、五丈高。
半小時清醒後，祇知左眉出血，待慢慢爬階走回寺裡，
方知左眉楞骨上有深長的傷痕，上面門牙跌鬆而長出幾
分，下齒折斷了兩根。上床睡了會兒，忽地痛醒，原來
右腳筋受傷頗重。深山無醫無藥，要到合江就醫，也得
八個小時行程，幸有寺中老沙彌，用跌打術醫治，霍然
而癒。兩顆門牙鬆動又癒合，直到五十五年在臺灣才拔

去。

這一跌，不能說不嚴重，可是沒有死去，也沒留下傷痕，這使他從此不敢再說：「身體虛弱極了，一點小小因緣，也會死過去的」，而體會到：業緣未了，死亡是不太容易的。

病中法喜

三十三年夏天，法王學院三年期滿，辭退，回到漢院。

八月初旬，因陳銘樞、黃懺華、潘懷素、張劍峰等諸居士不約而同來縉雲山，太虛大師乃在縉雲山召集「佛法能否改善現實社會」座談會。出席者有法師居士多人，漢院全體員生旁聽。會上僅印順法師、陳銘樞、潘懷素三人發言，已逾三時有餘。大師竟因歷時過久，勉及盡辭而致病。

陳銘樞還是彈支那內學院的老調：比丘行必頭陀，住必蘭若。印順法師的發言要點則為：一、佛法以有情為本，其利益之標準，須以大眾為對象。二、改善社會的方法，一面以小乘佛法修養之精神，高尚之人格，從側面以影響社會，使其改進；一面以大乘菩薩之精神，改善世間。所以佛法確有直接改善世間的可能。這就是他對於人間佛教的信念。保守的佛教僧尼，入山唯恐不深，社會人士（乃至居士）亦以「隱修」為僧尼定型，故如歐陽竟無這樣的飽學耆宿，仍會發出類似「比丘行

必頭陀，住必蘭若」的乖謬論點，以反諷太虛大師所率領的佛教改革運動。但他們那裡知道：再不與社會脈動相結合，順勢注入佛法理念以改善社會，則慢說是佛教無以引領時潮，抑且世人對佛教亦將抱持「可有可無」之態度，甚至認定佛教是社會進步的障礙呢！

三十四年八月十日，日本無條件投降，中國八年抗戰終於獲得勝利。印順法師準備離川，但以大後方返鄉人眾，交通工具擁擠，無法成行，所以遲至三十五年清明前後才動身返鄉。

在四川的八年歲月，大後方物質環境的辛苦就不用說了；印順法師本人，從來沒有離了病，但也從來沒有離了修學。除了病倒了不得已而睡幾天以外，他是不斷地講說，不斷地寫作。病，成了常態，也就不再重視病。法喜與為法的願力，支持他勝過了奄奄欲息的病態。

同學之樂

因抗戰而來到漢院的印順法師，在最初的一年半(二十七年七月到二十八年底)漢院生活中，感覺老學長法尊法師給他很多法益。法尊法師(1901-1981)是河北人，武院第一期學僧，沒有受過現代教育。民國十四年，留學西藏拉薩，前後共十二年。他的記憶力與理解力都強，顯密皆通，藏文造詣至深。民國二十三年，奉太虛大師命回國。後主持漢藏教理學院，並任代理院長職務，同時專力於藏文佛典的翻譯。對於漢藏文化之溝通，與西

藏佛教資料之內流，貢獻至鉅。

法尊法師晚年德相

　　其時，印順法師受託爲他新譯的《密宗道次第廣論》潤文，遇到文字不能了解的，就去問他。由此而多少了解密乘特質以及西藏佛教的一些情形。法尊法師應他的請求，翻譯龍樹的《七十空性論》。論中有一段文字，文義前後不合。經印順法師審細推究，斷定藏文原典有了錯簡；將這段文字移到前面，就完全吻合了。又，法尊法師編寫《西藏政教史》，從達朗瑪滅法到西藏佛法的重

興，這中間的年代，對照中國歷史，始終不能配合。原來他所依的西藏史料，是以干支紀年的。中間空了六十年，無話可說。若中間多六十年，則西藏所記的年代，就與中國的完全相合了。

後來漢院成立譯經處，法尊法師又將漢譯《大毗婆沙論》譯爲藏文（但未完成）。於是兩人每晚共讀論文，有疑難則共同推究。他們經常作法義的討論，印順法師常會假設問題以引起他的見解；有時爭論不下，最後才以「夜深了，睡吧」而結束。法尊法師引發了一些問題，提供了一些見解，但融入印順法師對佛法的理解中，卻成爲不大相同的結論。因爲前者的思想，已經西藏化了。但是經過這樣長期的切磋論辯，再加上讀到法尊法師譯自藏文的《菩提道次第廣論》、《辨了義不了義論》、《密宗道次地廣論》、《現觀莊嚴論略釋》、月稱的《入中論》等，他對佛法有了更深的理解。對於「爲何空宗要說緣起性空，唯識宗卻非要說依他起性是有不可」的問題根本所在，有了進一步的體會。對於深受中國老莊思想影響的中國空宗——三論宗，他從此不再重視。他自述這段法緣時稱道：

「我雖然曾在佛學院求學，但我的進修，主要是自修。太虛大師給我思想上的啓發，也是從文字中來的。自從在漢藏教理學院，遇到了法尊法師，才覺得有同學之樂。」❶

教學相長

入川以後，先是法尊法師對他有許多思想啟發，被他視爲修學中的殊勝因緣，其後又有幾位學友——如演培、妙欽、文慧、續明等法師，也帶給他教學相長的樂趣。許多著作，就是在教學之中，經過同學筆記整理而成。

民國十九年出家，以迄二十八年，他視作是他的「學習時期」。二十九年以後，他在思想上的原創力就源源不絕地湧現了。現在先看他在抗戰期間的講學與著作狀況。

二十七年下學期，避日禍而到漢院。年來，周繼武一再發表論文，以爲《大乘起信論》與唯識學相同，祇因賢首法藏誤解之，故成諍論。太虛大師囑印順法師評論之，因此而有〈周繼武居士「起信論正謬」〉之作。

二十八年秋，太虛大師從昆明寄來林語堂的《吾國與吾民》，要印順法師對有關不利佛教——歪曲、醜化的部分，加以評正，他受命寫了《吾國吾民與佛教》。漢院同學將它印成小冊，分贈各界。這可說是他出版的第一本書，但祇是小冊，他自己也沒有保留。

二十九年，他讀到太虛大師所講的《我怎樣判攝一切佛教》、《我的佛教改進運動略史》、《從巴利語系佛教

---

❶ 印順法師：《遊心法海六十年》，頁一一。

說到今菩薩行〉，每一篇都引起他深深的思維。對於秘密乘的定位——「天乘行果」，以及中國佛教的言行矛盾——「說大乘教，行小乘行」，他得到一些啟發，也引起了一些新的思考。

三部重要的書

抗戰期間，他讀到的三本書，對他早期的寫作，資料方面有相當的幫助；而且閱讀機會得來也頗意外。

一、西藏史學家多羅那他的《印度佛教史》

二十六年，他在武院病後未癒，由於七七事變，全國抗日，太虛大師與法尊法師都從盧山來，留學日本的學長墨禪法師也來武院小住，隨身攜帶日本寺本婉雅所譯的本書。這是西藏著名的史書。印順法師雖然不通日文，但好在書中的漢字不少，多少可以了解。由於本書對無著（大約336-405）、世親（大約360-440）時代的佛教，後期中觀學者的興起，以及中觀唯識二學派的論諍，特別是秘密大乘的興起與發展，有相當詳細的敍述，印順法師遂向墨禪法師借來慢慢看。墨禪不久就去了香港。待抗戰勝利回來，他才知墨禪已於上海去世。就這樣，這本書「久借無歸」，也就成為他的書了！

二、宗喀巴的《密宗道次第廣論》

二十七年秋，他初到漢院，太虛大師要他為這本法尊法師的譯著潤文。本書算是格魯派的經典之作，對秘密乘——「事、行、瑜伽、無上瑜伽」四部續的次第，作

了扼要的敍述。他於潤文之便而細讀本書，了解到秘密乘嚴重的「天化」特性。如「修六天」、「天色身」、「天慢」等，眞是「天佛一如」。這部書，漢院刻經處沒有出版，法尊法師託人帶到北平，由「北京菩提學會」出版，託人帶幾部回四川。這原是限於學密者閱讀的，因爲潤文的緣故，所以也送了印順法師一部。他後來作《印度之佛教》，其中第十七章的「密教之興與佛教之滅」，就因這部書提供的資料而得以完成。

三、《古代印度》(*Ancient India*)

其中文譯本是全書的一部分。三十年，譯者將這分譯稿帶來漢院，希望能受協助，對有關佛教部分，加以校正。他以先讀爲快的心情，取來一讀。全書十二章，從「史料及古史」到「南印度」，他就擇要記錄下來。這些資料對後來《印度之佛教》的寫作，提供了重要參考。

第一部著作

同年，他在貴陽完成了第一部長篇著作《唯識學探源》。這以後，他進入了認眞而較有體系的寫作階段。思想的主要特徵，也逐漸明白地表現出來。

這其中還有一段原委：他原本是要寫整部《唯識思想史》，待到把「唯識學的先驅思想」寫完，原稿寄呈太虛大師請序，大師認爲：唯識思想史（即結城令聞之著作）已有人譯出，預備出版，所以不必再寫下去。此文可以自成段落，稱爲《唯識學探源》。殊不知他原就是因

與結城令聞對唯識思想史的意見不同，所以才有此著作計畫。當時，他受到求眞意志的指導，開始轉移思想到佛教的另一角——即印度佛教的探究，所以也就依大師的建議而立書名，並結束了這段寫作因緣。算起來未嘗不是後學的損失，否則我們應可一窺師著《唯識思想史》的全貌。好在關於唯識思想，他在後來完成的《印度之佛教》、《攝大乘論講記》及其他相關著述之中，也陸續有些簡略的提示，有助於吾人理解唯識思想在印度的流變。這本書雖最早完成，但出版反而在三十三年冬天，比《印度之佛教》早兩年寫成，卻反而晚一年出版。

三十年上學期，回住漢院。支那內學院發表〈精刻大藏經緣起〉；太虛大師要他評論，於是他寫了〈評「精刻大藏經緣起」〉，對歐陽竟無精刻大藏「龍樹無著，兩聖一宗」，「臺賢藏密，絕口不談」的選取標準、刪削後「存目但評判」的做法，以及部別編排的方式，都表達不以爲然的看法。

這年，他以「力嚴」爲筆名，撰〈佛在人間〉、〈法海探珍〉、〈行爲的價值與生命〉、〈佛教是無神論之宗教〉等文。這些大抵是闡揚佛法的人間性，反對天化神化；探求佛法的本質，而捨棄過了時的方便。他一生罕用筆名發表文字。民國四十四年對學僧開示的〈福嚴閒話〉中，甚且勉勵學人寫文章「不可匿名」以示負責。但那是指批評性文字❷。而此處所列筆名「力嚴」之作，卻都是闡揚佛法而不涉及人事批評的，所以也沒有違背原

則。

　　他又爲遠從香港來武院旁聽課程的演培（1916-）、妙欽（1921-1976）及文慧等法師，講《攝大乘論》，對於幾個唯識學的問題點──諸如：新舊譯的差異及其抉擇、從「七識平行」而「一種七現」到「八識平行」的關鍵、一能變與三能變、依他染淨、依他與遍計間之關係……，他都有非常精闢而超越前人的見地。後來整理成《攝大乘論講記》（三十五年在武昌出版）。

　　三十一年上學期，爲法王學院學生講《金剛經》，由演培法師筆記，後來成書──《金剛般若波羅蜜經講記》（三十七年三月間在上海出版）。下學期，又爲演培法師等講《中論頌》，翌（三十二）年上學期才講完，這也由演培法師筆記，後成《中觀論頌講記》（四十一年才在香港出版）。

　　這一年，他依《華嚴經》「入法界品」，善財童子的求法故事，而撰爲《青年佛教與佛教青年》（三十九年在香港出版；後編入《妙雲集》中，分三部分：〈青年佛教運動小史〉、〈青年佛教參訪記〉、〈雜華雜記〉）。

《印度之佛教》

　　他又寫就最具分量的著作，十六萬字的《印度之佛教》。這本書，是他的作品中出版的第一部，雖有抗戰期

---

❷　印順法師：《教制教典與教學》，頁二二五。

間資料不足及未用學術規格註明出處的瑕疵，但直到晚年，他爲重版而再看一遍時，還向作者感歎道：「大致重要觀點就在這本書中成形。往後的學術專論，也祇是資料更加豐富，就這些觀點加以發揮罷了。」學友們熱心贊助印資，當時演培法師甚至傾其所有積蓄。於是乃以「正聞學社」名義，在重慶印行，三十二年出版流通。

本書的排校印刷過程還有一段曲折：那時印順法師在合江法王學院，不能親身去處理，達居（仁慈）願負起出版的任務，周貫仁助理校對。但承印者轉包別家排印，由於物價逐漸上漲，眞正承印者無利潤可得，排不到三分之一，就擱了下來。預定出書期到了，竟渺茫得毫無消息。沒想到原稿竟落到某君（名字印公已忘）手中。他是軍部印刷所主管，曾經出家，而後參加革命。見了這本書，他竟自動發心，願意幫助完成出版。至於排印的紙張費用，則依照原價計算。素昧平生而結此法緣，也算是勝事一椿！

此外，本書也招致最多的注目和評論。三十一年十月，印公寄第一章「印度佛教流變之概觀」，請太虛大師爲本書賜序，大師以〈議《印度佛教史》〉回應，表達對內容不同的看法——這當然不像序文了。三十二年初，他寫了〈敬答「議印度之佛教」〉。太虛大師乃又於是年八月寫〈再議《印度之佛教》〉。這回他寫了一篇〈無諍之辯〉（文已佚），直接寄到漢院給太虛大師，表示祇是個人的見解，不敢再勞累大師。

這部書，由漢院流通處代為流通，不過由於抗戰期間，紙張太差，印刷也不理想，所以三十五年離四川後，他祇帶了二十冊回來，偶爾贈送，也就送完了。

三十二年下學期，為演培法師等講《楞伽阿跋多羅寶經》，仍由演培法師筆記，但未成書。冬天，為續明法師（1919-1966）等講「大乘」，後改編成《大乘是佛說論》（三十九年在香港出版）。

三十三年春，仍在法王學院，妙欽法師由漢院寄其所著《中國佛教史略》，他加以補充整編，作為兩人合編之書（三十七年上海大法輪書局出版，其後收入師著《妙雲集》下編第九冊《佛教史地考論》之中）。

這一年，見支那內學院王恩洋先生的〈讀印度佛教書感〉，對於師著《印度之佛教》，頗能寄以同情，唯於空有之間，意見不無出入。他是著名的唯識學者，不滿真常唯心論，而認為它「入篡正統」，對於印度末期的秘密乘，當然更沒好感。他之所以要批評《印度之佛教》，主要也是為了辯論空宗與有宗孰為了義的問題。印順法師於是作〈空有之間〉答覆他，而發表於第二十五卷五、六月號《海刊》上。

《阿含講要》

夏天秋初回到漢院。下學期，為學生講《阿含講要》，由光宗法師等筆記，即後來成書的《佛法概論》一部分之前身。他又為妙欽、續明等法師講《性空學探源》，由

妙欽法師筆記（三十九年香港出版）。

多季，《唯識學探源》出版。

三十四年，自二月至七月，《阿含講要》連續在《海刊》刊載，太虛大師評為《海刊》一年來最佳之作，發給獎金。

原本在漢院所講的《阿含講要》，第一章是「阿含經的判攝」，提出了四《阿含經》的不同宗趣──或重「第一義」，如《雜阿含》；或重「對治」，如《中阿含》；或重啟發性的「為人生善」，如《增一阿含》；或是適應印度宗教以誘化「世間」，如《長阿含》。這就是龍樹「四悉檀」的依據。三十八年在廈門，刪去第一章，補寫了幾章，說明聲聞與菩薩的行果，改名《佛法概論》。至於原第一章，他在五十六年寫《原始佛教聖典之集成》時，有進一步詳加論述《阿含》的「四悉檀」宗趣。

九・顛沛流離

繞道西北

三十五年，四十一歲，清明前後，他與演培、妙欽兩法師才出發，經西北公路到寶雞，再沿隴海線東下。借此機緣，他們也順便瞻仰隋唐盛世的佛教中心——西安的大興善寺、羅什塔、興教寺、大慈恩寺。行次洛陽、鄭州，抵開封。開封鐵塔寺與開封佛學社，都是武院老學長淨嚴法師主持的。在此與學生續明法師重逢。由於旅途勞頓月餘，暫留佛學社養病，演培、妙欽兩法師先回江南。

在開封佛學社，他目睹某憲兵司令以對佛法的一知半解，而到處「考問」法師的倨傲態度，自歎「又上了現代佛教的一課」，而作了如下的慨言：

「出家人對佛法不大留心，而對軍政名流，護法居士，卻一味奉承逢迎，按時送禮請齋。說到佛法，自己不會說（也有謙恭而不願意說），卻來幾句：『大居士深通佛法』，『見理精深』，『眞是見道之言』。被奉承的，也

就飄飄然連自己的本來面目都忘了。憑固有的文字根柢，儒道思想，讀幾部經，看幾則公案，談禪、說教，就是大通家了！輕視出家人的風氣，那位司令祇是最特出的一位！為什麼會這樣？就是自己無知，卻奉承逢迎，攀緣權勢。所以，如果說有『四寶』，那祇因僧不成寶，怪不得別人。我從不要求大居士的尊敬，（對佛法的理解）也從不會恭維他們，免他們陷於輕僧、毀僧，連學佛的基礎——歸依三寶功德都不能具足。」❶

農曆七月中旬，國共戰爭的時局緊張，無法沿隴海路東下，祇好與淨嚴法師到鄭州，他個人再南下武昌。由於在鄭州著了涼，在武院咳嗽了一個多月，祇好暫住了下來。

大師示寂

三十六年農曆正月，他回到上海，在玉佛寺禮見了太虛大師。大師向他歷說不如意事，心情頗為沉重。由於杭州靈峰，創辦武林佛學院，演培與妙欽兩法師都在那裡任教，所以他想先到杭州看看。靈峰是杭州的探梅勝地，大師說：「回來時，折幾枝梅花吧！」

國曆三月十七日下午，大師病重捨報於上海玉佛寺。他聞訊，折了幾枝靈峰的梅花，與大家一齊到上海，奉

---

❶ 印順法師：《平凡的一生》，增訂本，頁三七。

梅花爲最後的供養。

　　大師弟子眾會議決定編纂《太虛大師全書》，推印順法師負責主其事。這一年，他四十二歲。

三十七年四月廿二日，《太虛大師全書》編輯完成，編委會同仁與雪竇寺常住全體攝影留念（前排左二：續明法師，右三：大醒法師，後排左二：楊星森）

　　五月二十日起，他與續明法師、楊星森一齊到浙江奉化的雪竇寺，於圓覺軒展開編纂作業。後來南京杜名

廉居士，也來山裏助抄寫工作。住錫雪竇寺期間，頗受住持大醒法師的照顧。

由於妙欽、演培等法師，希望在杭州一帶，找個地方，集合少數同學，對佛法作深入的研究。這年多天，遂以曾任漢院監學的佛性法師的名義，接管了杭州岳墳右後方的香山洞，籌組西湖佛教圖書館。衆以印順法師年長，隱然推爲主導。

三十七年，五月三十日，《太虛大師全書》編訖，計歷時一年又十日。於是至普陀探望恩師，沿途所見，深感戰後的江南佛教，面目全非，一切無從說起。離普陀而回到杭州，住錫香山寺，要進行西湖佛教圖書館的籌備工作。途經寧波而到延慶寺，遇見錫蘭回來的法舫法師（1904-1951），他是去雪竇寺敬禮太虛大師舍利而下來的。由於大醒法師勸他接任住持，以復興太虛大師主持過的道場，他本無意接受，後經印順法師分析說明後，法舫法師竟然接受了他的建議，而於七月六日晉山了。

隨喜戒會

由於妙欽法師是廈門人，與閩南長老性願（1889-1962)老法師有宗派的法統關係，所以爲籌組西湖佛教圖書館找贊助人時，也就回到南普陀寺，禮見甫從菲律賓回國，準備傳戒法會的性願長老。性願長老與太虛大師風格不同；太虛大師門下，在閩南長老，特別是性願老心目中，並沒有留下良好的印象。但由於妙欽法師極

力贊歎印順法師，所以，性願長老也就非常器重印順法師，去信邀請他到廈門去隨喜戒會，並支助旅費。妙欽法師也希望他趁此戒會，與性老見面，可能將來會對他們在杭州的理想，有所幫助。

是年十月，應性願長老函邀，由妙解（妙欽之師弟）法師陪從，離杭州赴廈門，隨喜戒會。《太虛大師全書》書稿，隨身帶到廈門，擬參考以編纂《太虛大師年譜》。在戒期中，曾作開示數次。授具足戒時，與恩師清念上人，俱為戒壇尊證和尚。這是他初次參與傳戒。在這次戒會中，臺灣天台宗碩德斌宗法師，也囑徒印心（即日

三十七年十二月與清念上人及印實師弟攝於南普陀寺

後以天台研究而有成的慧嶽法師)、覺心等來求受大戒。

戒會圓滿，性願長老約他經同安，赴泉州，一路參訪名剎古寺。性老留泉州過年，他則先回廈門，回到已是大年除夕了。

三十八年，京滬的形勢緊張，他就住了下來，隨緣辦一所「大覺講社」。演培、續明兩法師也相約來到廈門。其時，大醒法師在臺主編《海潮音月刊》，邀他赴臺，願為他安排住處，他以不通方言而作罷。另一方面，法舫法師已在香港，也一再催他到香港，並說住處和生活，一定會為他安排。六月，漳州（龍溪）、泉州（晉江）一帶，戰雲密布。他想，到香港最少短期可託，於是就與續明、常覺（1927-）、廣範諸師，離廈門而抵達香港。其實，他內心真正的目的，是想經雲南而到四川北碚的縉雲山，因為早先法尊法師也來函，認為局勢不妙，勸他早點到四川來，免得臨時交通困難；當時他以為可以像抗戰時期那樣偏安，而對縉雲山又有一份懷念，所以就選擇了香港，俾便由此返川。

香港三年

抵港後，住大嶼山寶蓮寺過夏；中秋後，移住香港灣仔佛教會，並於東蓮覺苑講《中觀論頌》。由於妙欽法師由菲律賓匯款至港，決定在港印行《佛法概論》。為了出版事宜，所以沒有即刻啟程赴川，出版之後，大陸局勢急轉直下，縉雲山已不可能回去了。《佛法概論》後來

爲他帶來了很大的麻煩(此事後詳)，但當時也爲它的出版，而幸好沒有陷身大陸。

這年冬天，法舫法師應錫蘭大學之聘，赴錫主講中國佛學。

十月初移住粉嶺的覺林，以編《太虛大師年譜》。

三十九年三月，移住新界大埔墟的梅修精舍。同住於此的國大代表黃一鳴，見他生活太苦，勸他回臺灣。回臺後，又主動向同爲太虛大師皈依弟子的李子寬(1882-1973)提到印順法師在港生活情形。由於李子寬是太虛大師皈依弟子，在臺灣是黨國大老，又主持善導寺，所以黃一鳴會好意向他談起。但印公本人卻從未有要李子寬幫忙或回臺灣的想法，所以當他接到李子寬來函，表示歡迎回臺，但希望繼續主持《太虛大師全書》的印行，完成後再回臺灣，他看著信，眞說不出是什麼滋味！事後回憶起來，他倒是釋然，祇說感謝子老（即李子寬）──那時他沒回來是對的；因爲三十九年時局很亂，迭有僧衆因身分受到懷疑，而難逃囹圄之災。待四十一年他回來時，政局比較安定了，一切也比較上軌道了。

這一年，香港半山區的應太太自臺灣來，代表臺灣某夫人帶來供養美金一百元，說是香港有人寫信給南亭法師(1900-1982)，告知印順法師等在港精勤修學，卻沒有人供養，生活艱苦。南亭法師與白聖法師(1904-1989)談起，引起了對佛法的同情，遂勸某夫人發心樂施的。印順法師依應太太的建議，寫了封謝函給白聖法

四十一年四月攝於香港

師；那時生活雖然辛苦，大家卻仍然以法為重，以此因緣，印公遂將所積存的供養金，加上陳靜濤(1887-1967)的發心捐助，向日本請了一部《大正大藏經》（約二百五十美元），供在港共修的學友閱讀。

擬建精舍

梅修精舍是馬廣尚老居士為印順法師借來的，長住應無問題，但由於在港共住師生的生活，全靠馬尼拉的妙欽法師用自己所得的單錢、懺資、嚫錢，純道義的為

佛法而資助他們，這樣下去也不是辦法；再加上妙欽法師也有了去錫蘭深造的打算，於是到了四十年春天，依演培、續明兩法師的意見，由梅修精舍遷到青山的淨業林，這是荃灣鹿野苑三當家的精舍。那時同住者還有常覺、仁俊、悟一（1922-，四當家）等諸法師，而二當家超塵法師（1914-）也閉關於此。

在淨業林，印順法師從裡面一些人事的暗潮中感到：鹿野苑人才濟濟，大家擠在一起，正如脂肪過剩，他們若一直寄住下去，早晚處境也會很難堪；但驟爾他遷，又對不住鹿野苑和淨業林，也對自己有損。於是與續明法師研究，唯一的辦法，就是自己創立精舍，才能不留痕跡地離去。這樣決定後，向妙欽法師說明，妙欽法師遂以去錫蘭為理由，願為他們成立精舍作最後的服務，在馬尼拉普陀寺為他們舉行了一次法會，籌得菲幣一萬元。於是他們就在新界買地，準備建精舍──這就是後來在臺創建而聲名卓著的「福嚴精舍」創建的緣起。

望重香江

四十一年夏，當選為「香港佛教聯合會」會長，不久馮公夏等成立世界佛教友誼會港澳分會，又推舉他為會長。由此可知：他雖靜修講學著作，不事活動，但在香港佛教界，是深受敬重，而被視為佛教領袖的。

農曆五月底，他接到李子寬的來信，稱中國佛教會（簡稱「中佛會」）決議，推請他代表中華民國，出席在

日本召開的世界佛教友誼會第二屆大會。同行者共三十人左右。他想到：日本佛教雖有所變質，卻仍不失爲佛教的一大流，應有它所以能存在，又值得參考的地方，於是答應此行。農曆七月十五前後抵臺，才知道去日代表名單，已被政府限定爲五人，而李子寬堅持名單中非有印順法師不可。雖覺可能遭來一些不愉快，但期限已近，他也祇好將錯就錯地出發了。同行者中，中佛會會長章嘉大師(1891-1957)是團長，代表另有趙恆惕(1878-1971)、李子寬、李添春，一行五人，行前並蒙蔣中正總統召見。在東京開會一星期，順道去奈良、京都、大阪各地參觀並瞻禮佛教名刹，過了十月國慶，才回到臺北。

爲法不輟

從三十五年離川到四十一年離港，這是中國動盪的年代。在國共戰爭與流離香江的日子裡，生活不管再艱苦，人不堪其憂，他則依然講學不輟，寫作不輟。

三十五年上半年，作〈辨唯識與法相〉，以明二者的異同──唯識必宗法相，而法相不必然等於唯識。這在當日也是個爭論已久的問題。

在鄭州，讀到法舫法師的〈送錫蘭上座部傳教團赴中國〉，略謂：印度教融化佛教成大乘；上座部才是佛教嫡傳。他閱後不以爲然，撰〈與巴利文系的學者論大乘〉，認爲前者有顛倒歷史之嫌，實則是佛教融攝印度教而爲

大乘；後者所謂「上座部」，其實祇是學派分流的產物。

唯一親自校對的書

這年冬天在武昌，時性覺（俗名郭朋）與續明二法師去西康修學，遇到虔信佛法的史建侯，二人對印公讚譽不已，並說到他的《攝大乘論講記》，引起了史居士的發心，因而資助法幣十八萬元，二十七萬字的講記這才得以出版。

這是他唯一自己校對過的書；印刷廠在對江的漢口，當時與印刷廠約定：每天十六頁，初校到三校，彼此都以掛號郵寄，郵費由印公負責。但是廠方寄了三次初校，就不再寄了；他祇好過江到印刷廠探問。原來印刷廠是小型的，沒有那麼多鉛字，不能繼續排下去。不得已，祇好約定：由他每日過江，先將已排好的部分初校，改正後再校、三校，十六頁當天完成排校印刷工作。這樣辛苦了四十天左右，才告完成。四十天裡，他每天下午以後，得坐二次渡輪，四次人力車，獨力完成初校到三校的工作。這部書的產生，可謂得來不易。但也因為這部書在他的所有作品中，是難度最高的一部，所以讀得懂的並不多。

三十六年國曆二月十日，〈僧裝改革評議〉脫稿於武院，以回應東初法師「改革僧裝」之議，建議僧裝的改革，必須「合乎佛法，不違世間」，可以採用俗服，但須表顯僧相。本文對反對改革者，對贊同南傳服裝者，對

東初法師所構想的方式，都有所評議。

《太虛大師全書》

初夏，到雪竇寺編《太虛大師全書》，其間應大醒法師之請，每日午後講《心經》；接著又講《中觀今論》。這二部均由續明法師筆記，是爲《中觀今論》與《般若心經講記》。前者並於三十七年一月起，在《海刊》連載。大醒法師以其師長身分，卻穿袍搭衣，敬謹聞法；重法惜才的精神可感！二書至三十九年才在香港出版。

七月，與妙欽法師合編的《中國佛教史略》，在上海大法輪書局出版。

冬季，作〈西湖佛教圖書館緣起〉。

三十七年，續編《太虛大師全書》之外，並於春天撰〈佛教之興起與東方印度〉，將東西方的地理位置、民族淵源、宗教特性加以考證，並點出釋迦族來自東方，有東方沙門文化反婆羅門教傳統的背景。本文載於《學原雜誌》。

三月間，原三十一年在合江的講錄《金剛般若波羅蜜經講記》由大法輪書局出版。

加入儒佛之諍

是夏，撰〈評熊十力的《新唯識論》〉，對於熊十力（1882-1968）援佛入儒，抑佛揚儒，卻偏要自稱「新的佛家」之故弄玄虛，加以評點。本文對佛法與玄學、入

世與出世、空宗與有宗、性相與體用、心與物等等之分際異同，有敏銳的辨析；由此見出新儒研讀佛學的盲點。而熊氏原出於支那內學院，後來竟成新儒家鼻祖，與師門絕裂，與佛教界（特別是支那內學院）諍議不休；其《新唯識論》曲解唯識義，陷入真常唯心之見。由此可見，本體論之玄學氣味不除，雖欲把握佛法精髓而不可得。

這篇文章，後來被印成小冊，印順法師於八月間，爲這本小冊，還在杭州寫了一篇〈評《新唯識論》自序〉，其流傳之廣遠，影響力之大，都有甚於其他評熊氏之著作。所以後來在臺新儒學者，談到當代儒佛之爭，儼然以印公文論當作佛教方面的主要看法。

三十八年，將《阿含講要》改編補充爲《佛法概論》，作爲大覺講社的課本。稍後由已去馬尼拉的妙欽法師匯錢，在香港出版。

在這以前，出版時都徵求預約，三十九年以後，就不再預約，而直接以賣書所得來印書了。

著述出書

三十八年到香港後，於東蓮覺苑講《中觀論頌》。

七月，撰〈論西域大乘國之子合〉。

十月初，得馬廣尙老居士之助，借到靜室，移住粉嶺之覺林，開始編《太虛大師年譜》。翌年國曆四月一日，年譜脫稿，由「《太虛大師全書》出版委員會」出版。

三十九年，他講《大乘起信論》於梅修精舍，由演培、續明二法師筆記，是爲《大乘起信論講記》。

這一年，是他著作多產的一年，他撰《佛滅紀年抉擇談》，透過嚴謹的考證，否定南傳佛教的說法，確認北傳說法較接近事實。從而推算佛滅年代應爲西元前三九〇年。除此之外，還有〈革命時代的太虛大師〉、〈中國大乘的根本教義〉、〈中觀大乘的根本教義〉、〈從學者心行中論一乘與三乘〉等著作，分別登載於《海刊》及《弘化月刊》。

這一年，也是他歷年來著述出版最豐富的一年。《中觀今論》、《般若波羅蜜多心經講記》、《評熊十力的新唯識論》、《青年佛教與佛教青年》、《性空學探源》、《大乘是佛說論》，先後在香港出版；加上《太虛大師年譜》，一共出版有七部之多。其中《中觀今論》的出版因緣，係因爲法舫法師爲居士們極力贊歎此書，所以香海蓮社發心出資流通；日本大正大學牛場眞玄教授（日後還爲印公譯《中國禪宗史》），就本書以日文作局部翻譯，向日本學術界介紹。

四十年，與諸學友遷淨業林後，爲住衆講《勝鬘經》、《淨土新論》，由演培、續明兩法師筆記。是年斷斷續續撰〈西北印度之論典與論師〉；十月，法舫法師圓寂於錫蘭，遂撰〈法舫法師行傳〉。而《佛滅紀年抉擇談》、《淨土新論》、《大乘起信論講記》，也於此年先後出版。

四十一年春，接獲馬來西亞檳城明德法師的來信，

表示願發心籌款印行《中觀論頌講記》。素昧平生而有此發心，令他甚爲感動。後來因籌集款項超過印費，餘款又印了《勝鬘經講記》。

從重慶、武昌、上海到香港，算來也出版不少書籍了。印公自己沒錢，但共同研究的學友、師長，遠地的法師、居士，都爲印公著作的出版而發心，出錢出力；純爲佛法的弘揚著想，並沒有絲毫功利的觀念，這使得印公更永續地爲佛法而奉獻身心。而香港出版的書，除《太虛大師年譜》與《中觀今論》由出版者流通外，其他都由東蓮覺苑代爲流通；臺灣方面，則寄由李子寬所主持的善導寺流通。

這年二、三月間，應明常老和尚(1898-1977)之邀，在鹿野苑講《寶積經》「普明菩薩會」。夏天，講「人間佛教」於淨業林，並未講完，祇完成〈人間佛教緒言〉、〈從依機設教來說明人間佛教〉、〈人性〉、〈人間佛教要略〉。這四篇，由仁俊法師筆記。原漢院學僧了參法師在錫蘭深造，譯南傳《法句經》，他應允寫了〈《法句經》序〉。

十・思想凝定的十四年

「佛法與現實佛教界的差距」，是他自學佛以來就注意到的問題。出家以來，知道這種差距，源於中國文化的扭曲者固然不少，但佛法的漸失本眞，在印度由來已久，而且越來越嚴重。於是他開始把心力放在印度佛教的探究上。

從抗戰入川一直到四十一年由香港來臺灣，前後十四年。在這國家動亂多難的十四年中，他的身體最虛弱（曾虛脫三次），生活最清苦，行止最不定，但這也是他寫作最勤，講說最多的十四年。可說是眞正做到了「造次必於是，顚沛必於是」。對於全體佛法，看法逐漸凝定，並且有了表示意見的意欲。這一時期的寫作與講說，也就重在分別解說，確定印度經論的本義，並探求其中思想的演化脈絡。以下略述他在這一思想確定階段的研究重心。

大乘三系

他分大乘法義爲三系——性空唯名系、虛妄唯識系、眞常唯心系。其與內學院系統及太虛大師的異見，已於

第六章略為提及。民國三十年，在〈法海探珍〉中，他以三法印──諸法無我、諸行無常、涅槃寂靜，作為三系思想的不同依據。

雖然三十年已有三系創說，但是真正受到教界與學界矚目的，還是三十一年成書，三十二年出版的《印度之佛教》。此書一出，立刻遭來多方批評。而批評重點，不約而同地放在「大乘三系」的論題上。當時批評而具思想史上之代表性者，厥為太虛大師與內學院系學者王恩洋。太虛大師代表中國傳統以「真常為尊」的看法，而王居士則立本於「唯識究竟」的見地，依藏傳大乘二宗之說，否認二大主流之外別有第三。此已不僅代表二人之看法，而代表著當世兩大學統對印順法師在大乘根本問題上必然會產生的異議❶。

研究著重在此，講學寫作也就自然著重在此。如屬於性空唯名系的，有《般若經講記》、《中觀論頌講記》、《中觀今論》；屬於虛妄唯識系的，有《攝大乘論講記》、《唯識學探源》、《解深密經》（未出書）；屬於真常唯心系的，有《勝鬘經講記》、《大乘起信論講記》、《楞伽阿跋多羅寶經》（未出書，現僅保留科判）。

他在師友之間，被看作是三論宗的；其實他雖在義理超越的比較上，推崇中觀學，但卻不以一宗一派之徒

---

❶ 有關當時太虛大師與內學院系對「大乘三系」說的意見重點及其回應之重點，可參閱拙著〈印順導師「大乘三系」學說引起之師資論辯〉（《如是我思》，第二冊，頁五四～六八）。

裔自居，而第一部著作《唯識學探源》與第一部講錄成書的《攝大乘論講記》，都是唯識學著作，由此亦可見其不局限一家以入主出奴。為了釐清三系思想的差別，凡有所述，總是站在超越宗派的見地，不照自己的意見去解釋一番或強為會通；也不以「稱性而談」的「懸談」方式，拈出一字一句來發揮自己的高見。但他敏銳而適切地掌握三系思想的根本要領，將關鍵性的異同及其原理一一點出，對於各系內在的學派分流，也作如是分析。雖然同情空宗，但未必立足於空宗本位以褒貶諸家，反而時常留意設身處地，就中觀以言中觀，就唯識以言唯識，就真常以言真常，客觀分析其思想脈絡與思想特質。論議所觸及的問題，雖不如後期中觀與唯識兩家交叉論辯內容之細微，但有此「握其大要」及「設身處地」二大特點，所以在他所作的如實剖述之中，讀者可領受到他智慧的光芒。

有關這一部分，印順法師的研究成就是超越同時代的學者，而非常受到學界推崇的。但是涉及的學理太過深奧，所以簡單的介紹到此打住。

佛教史地

從現實世間的一定時空中，去理解佛法的根源與流變，就不能不注意到佛教的史地。即使是大乘三系，也還是開展、流行、演化於古印度的。這時期在佛教史地方面較重要的著作有：一、三十三年，他將妙欽法師所

編的《中國佛教史略》加以補充修正，使中國佛教史與印度佛教史相關聯，作爲二人的合編。二、三十七年撰《佛教之興起與東方印度》，從佛教典籍之中，他論證釋迦族是屬於東方的，所以佛教是東方的沙門文化，有反對雅利安人傳統的眞常梵我論之特性。三、三十九年編成的《太虛大師年譜》，以編年方式記大師一生行誼，但也算是反映近代中國佛教的種種史實；對年月日期的考覈，以及對年譜素材的取捨，都非常精嚴縝密，大有史家風範。

最重要的一部，當然是三十一年所寫的《印度之佛教》。在本書中，他將印度佛教史的流變，分判爲五期：一、聲聞爲本之解脫同歸；二、菩薩傾向之聲聞分流；三、菩薩爲本之大小兼暢；四、如來傾向之菩薩分流；五、如來爲本之佛梵一體。印度佛教的先後五期，從創立到衰滅，正如人的一生，自童年、少年、壯年、老年到死亡。他在本書自序中，提到自己對於佛教流變的基本研究態度是：

「深信佛教於長期之發展中，必有以流變而失眞者。探其宗本，明其流變，抉擇而洗鍊之，願自治印度佛教始。察思想之所自來，動機之所從出，於身心國家實益之所在，不爲華飾之辯論所蒙，願本此意以治印度之佛教。」❷

❷　印順法師：《印度之佛教》〈自序〉，重版序文，頁三。

對於印度佛教的起源與發展，他開宗明義地點出：

「佛教創始於印度釋迦牟尼，乃釋尊本其獨特之深見，應人類之共欲，陶冶印度文化而樹立者。」❸

釋尊的特見，是「緣起無我說」，以反吠陀的「常我論」而興。初期佛教，依釋尊的本教，風格淳樸、深簡、平實。但作者認為：適應時代苦行風潮的聲聞行（即一般所稱「小乘行」），無法因應世間的需求，而未開展出釋尊本生的菩薩道。中期佛教（即初期大乘）之「緣起性空」（即「緣起無我」的深化），雖已啟「梵化」之機，但意象多尚允當。龍樹集其大成，厥功至偉。後期佛教日漸傾向於真常、唯心，與「常我論」合流，與「緣起無我」的根本教，顯然漸行漸遠。至其末流，融神秘、欲樂而成邪正雜濫的梵佛一體。在中國，其末流發展為三教同源論，冥鏹祀祖，扶鸞降神等，無不滲雜其間。

眼見中國佛教，為「圓融」、「方便」、「真常」、「唯心」、「他力」、「頓證」之所困，已奄奄無生氣，又見藏傳密乘的「神秘」、「欲樂」之說，自西而東，已有泛濫的傾向，這刺激他編著本書，期引古以誡今，鑑往而知來。

---

❸ 印順法師：《印度之佛教》，重版，頁一。

他所勾勒的理想佛教是：

「能立本於根本佛教之淳樸，宏闡中期佛教之行解
（梵化之機應慎），攝取後期佛教之確當者，庶足以復興
佛教而暢佛本懷也歟！」❹

正因為這部書不但是史事的敘述，而且有作者本身
評判料簡的立場，所以這部書出版之後，有人同情，也
有人痛恨不已。不過痛恨者，祇是在口頭傳說中咒詛，
而在當時真能給以文字批評的，在佛教界也祇有太虛大
師與王恩洋。

太虛大師對本書在「大乘三系」方面的見解不同，
主要在於「空常孰優」、「空常孰先」的兩點，王恩洋則
立本於「唯識了義」的見地，這些已如前略述。

堅持大乘

從前述《印度之佛教》自序的「宏闡中期佛教之行
解」即可看出：印順法師的立場是堅持大乘的。一直到
晚年，此一立場未變。由於錫蘭等南傳佛教國家，以為
他們所傳的三藏，是王舍城結集的原本，而把大乘佛教，
看作是印度教化的產物，這種意見，多少流傳到當時的
抗戰後方，而引起某些人的疑惑，所以他就為續明法師

---

❹ 印順法師：《印度之佛教》〈自序〉，重版序文，頁七。

等談論這一問題，後來題爲《大乘是佛說論》。慧松法師留學錫蘭返國，法舫法師在錫蘭邊教邊學，都有重南傳爲正統而輕視北傳佛教的傾向，所以他爲慧松法師寫〈《呱嘍文集》序〉，因法舫法師而寫〈與巴利文語系學者論大乘〉，表示他對南傳爲正統說的質疑以及對初期大乘精神的肯定。

他堅持大乘之不同於傳統堅持大乘者，祇是不勉強找「大乘經是佛口親說」的理由，反而提醒讀者：一、流傳至今的佛典，祇要合乎佛法本質，即是廣義的「佛說」。二、即便是較早結集出來的經律，都因傳誦久遠，而有部派異見融入，這從同本異譯的比較研究即可知曉。三、佛教爲「哲人宗教」，其內容自有創教者獨創的思想，但亦有受時代文明的限制而適應因襲的部分，即便在佛世或原始佛教時代，都不例外。四、吾人應深入釋尊的本懷──即「獨創思想」的部分；這要從佛教無限錯綜的演變中，從根本佛教的研究中，從身心調柔的體驗中，才能完成。五、釋尊本懷的佛教，是世界平凡的人類，在生死中發大心，積集悲智的資糧，遍學一切，不汲汲求證的，「直入大乘」的菩薩道。這不但適應現實人間的需要，也還是釋尊「人間成佛」的本懷。

青年佛教

在大乘義理上，他以空宗爲主，而兼攝唯識與眞常。在精神與行爲上，則提倡「青年佛教」與「人間佛教」。

在歷史上，大乘佛教的開展，確與青年大眾有關。在《青年佛教與佛教青年》中，以《華嚴經》「入法界品」中為「行菩薩道」而到處參訪善知識的善財，為佛教青年的典範。但「青年」是象徵的，它不是生理的名詞，而祇在於見解行動不會老化僵化。青年佛教所表現的佛教青年：

「不是不識不知的幼稚園。是把冷靜究理的智慧，與熱誠濟世的悲心，在一往無前的雄健上統一起來，他是情意綜合的。……是在眞誠、柔和、而生力充溢的青年情意中，融合了老人的人生的寶貴經驗。」❺

即以他所推重的根本佛教與初期大乘而言，這如人的童年到壯年，生命力極強，重事實，重利他，而鮮少唯心色彩；由壯及老，漸漸由唯心而唯我、唯神，所以長生不老的信行，大抵來自早衰與漸老的人。印度後期佛教的秘密大乘，在這些特徵上，非常契合老人心態❻。

青年的佛教，從這個印度佛教史的象徵意義來說，也是最值得推重的。

人間佛教

太虛大師說人生佛教，是針對重死重鬼的中國佛教；

❺　印順法師：《華雨香雲》，頁一五八。
❻　印順法師：《契理契機的人間佛教》，頁四六。

印順法師認為：印度後期佛教的天（神）化，情勢異常嚴重，不以人爲本，而以天爲本。初重一神傾向的梵天，後來重於泛神傾向的帝釋天，使印度佛教在適應社會的過程中，日益混濫於天神宗教，也嚴重影響到中國佛教，所以他在「人生佛教」的基礎上，進而強調「人間佛教」。

人在五趣衆生的位置，恰好是在中間。在人的上面有天堂，下面有地獄、餓鬼、畜生。佛教如不重視人間，而重視鬼、畜一邊，會近於鬼教，此所以太虛大師提倡「人生佛教」。如羨慕天、神的一邊，即使修行學佛，也會著重於神與永生、長壽，而近於神教。如或神鬼不分而皆重視，則會變成神化、巫化的佛教。以人間環境的苦樂參半而言，會比純樂無苦的天境易修；以人的特性而言，人的思維意念、道德意志、勇猛精進，也都勝過其他道的衆生，而有益於修行。所以佛在人間修道成佛，法是釋尊爲人而說的，僧——出家衆更是人所組成。佛與弟子，乞食維生，一方面也就是在「遊化人間」。三寶本在人間，這即是我們的歸依處。也因此，「人身難得」，佛弟子不宜以天神的福樂爲追求目標，而蹉跎掉人間歲月。

「人間佛教」的論題核心，就是由人，而菩薩，而佛的「人菩薩行」。從人而發菩提心，應認清自己是「具煩惱身」，不可裝腔作勢，眩惑神奇。要「悲心增上」，人而進修菩薩行的，除了正信正見以外，一定要力行「十善」的利他事業，以護法利生。

「人間佛敎」的理論原則是：

第一、「法與律的合一」

「導之以法，齊之以律」，是初期佛教的精髓。祇著重於前者，則會有個人自由主義的傾向；根本佛教的特色，卻是用集團規範（律）的力量，來調柔身語行為，淨化內心煩惱。印公認為：大乘經中的菩薩，都是獨往獨來的；所以大乘法著重於入世利生，而略帶「特出的偉人」的傾向，不大重視有組織的集團，這也許是大乘法晚期衰變的主因。

第二、緣起與性空的統一

這是中期佛教（亦即初期大乘）的特色。這是「緣起甚深」與「涅槃甚深」的統一，是龍樹論的特色。一切事象，莫不是因緣所生，故無常恆獨存之真實自性——是為「性空」。學佛者若偏重於緣起之事相，著重於法相上的差別，則空慧不足，無以求取涅槃，行菩薩道；若執著於性空之理體，醉心於空性的參證，則忽視現象，不重視佛法在人間應有的正行。唯有依緣起性空，建立「二諦無礙」的中觀，才能符合佛法的正宗，而達到世出世間的統一無礙。

第三、自利與利他的統一

發心利他，不應忽略自己身心的淨化，否則「自未能度，焉能度人」？所以為了要利益眾生，一定要廣學一切；為了不為世間的一切所轉，也要先淨化身心。但凡

以悲心而行世間正業，就是菩薩行。

提倡人間佛教，還有「時代傾向」的考量，換句話說：它有「契理契機」的意義——除了掌握佛法「不共世間」的特性之外，也有適應「今時、今地、今人」的實際需要。吾人所身處的是怎麼樣的一個時代呢？

第一、是「青年時代」

少壯的青年，漸演化為社會中心，所以要重視青年的佛教。如前於「青年佛教」中所述：適應少壯的佛教，必然重於利他。人菩薩行的大乘法，是適應少壯唯一契機的法門。

第二、是「處世時代」

修菩薩行者，應作利益人類的事業，在人間傳播法音，在不離世事、不離眾生的原則下，淨化自己，覺悟自己。其實佛教本就是在人間的；佛與弟子經常的「遊化人間」，雖然住在山林，卻仍於每天進入村邑聚落乞食，與人相接觸，而隨緣弘化。

第三、是「集體時代」

摩訶迦葉修頭陀行，釋尊勸他回僧伽中住；優波離想獨處修行，釋尊要他住在僧中；釋尊甚至於無例外地宣稱「佛在僧數」。佛法以集體生活來完成自己，並透過組織性的僧伽，令正法久住；這與中國人所說的「隱遁」，是根本不同的。即使是在家弟子修菩薩行，也應以健全的組織來從事利他而自利的事業。

人間佛教的修持心要是：信願、智慧與慈悲。

「有信無智長愚癡，有智無信長邪見」；如果信與智增上，而悲心不足，就是一般所說的小乘；如果信與智不足，雖以慈悲心而廣作利生善業，也不免是「敗壞菩薩」。所以在人間修行，此三德不可偏廢。

這是印順法師於民國四十年在香港講授「人間佛教」的要點。相關的著作，有〈人間佛教緒言〉、〈從依機設教來說明人間佛教〉、〈人性〉、〈人間佛教要略〉。在預想中，這祇是全部的「序論」，但由於離開了香港，外緣紛繁，所以沒能繼續講出。

《佛法概論》

本書依《阿含講要》而增補以成。其所以將《阿含》等同於「佛法」，除了尊重其「緣起中道」之本教，為三乘之所共依之外，也為了避免中國傳統視《阿含》為「小乘」的誤解。本書內容偏重於論述「法」，但於「佛」與「僧」，也都有獨到見地。如其論述佛陀，重在他的「即人成佛」，而脫落了大眾部到大乘佛教中梵化神化的色彩，認為「無所不知，無所不能，無所不在」的理想佛，與現實人間的佛陀不符，祇是眾生意欲的一種外射作用。因此，他緊扣住「緣起」的核心教義，認為緣起的世間，有其相對特性，故知識、能力或存在，都不可能達於「無

限」或「絕對」；這正是人間佛陀之契當真理，而非缺陷。其絕對性，正在這相對性中完成。

至於僧伽，他也同樣扣住「緣起」諦理，把握「以（緣起）法攝僧」的前提，分析其重視思想和諧與經濟平等的特質，並對於佛教史上執理廢事而忽略「事和」的青年大眾或拘蔽於枝末教條的耆年上座，分別提出批評。

在教法方面，本書完整地敍述有情世間與器世間的結構、世間流轉與還滅的法則、指歸解脫的中道行，並校量聲聞與佛陀在正覺與解脫方面的同異。

論「有情」，則特明「人道」的殊勝，並一反傳統以「淫欲」為生死根本的說法，依《阿含》義，強調生死根本在於「無明」，至於淫欲，在男女互相佔有的狀態下，會導致社會及心理的繫縛，而成為障道因緣，故出家眾戒絕之。且部分低級有情以及色界以上的天人，雖無淫欲，仍未出離三界，故知淫欲尚屬麤分無明的表現。後來在臺灣佛教界中，有人以此做為放縱情欲之藉口，其實放縱情欲自然障道，又怎能斷生死根本而達到解脫呢？從「行淫欲非障道法」的大邪見，到「行淫欲證阿羅漢」的大妄語，由此也可見佛教的某一墮落面了！

論「器世間」，則以為過往經典之中，有關天文地理之傳說，不必曲求附會，祇須明白傳說之背景即可。畢竟佛陀說法，旨在教導眾生離愛染而得解脫，而非將重點放在天文地理知識的傳布上；所以就著古印度人之天

文地理知識而引述傳說，這是很可能的事。但傳說也並非空穴來風，而有事實的部分，祇是年久失眞而已，所以他特別提出對「須彌山與四洲」在印度古代的地理位置之解析。這種解析方式是前所未有的，頗具特色。

本書另一超越性見地，即是突破「重男輕女」傳統文化的霧幕，而由佛法中「平等」與「中道」的精神，肯定男女「道器」的平等，甚至批評男性操縱敎團大權而壓抑女性、醜化女性的不當。

凡此種種獨到見地，書中隨處可見。他在探索《阿含經》義的過程中，處處糾正了積非成是的諸多傳統觀念，也透出其「人間佛敎」的理想。另一方面可看出：他不但對宗派見解有其史學觀點，而不入主出奴，即便是對他所推尊的原始敎典，他也同樣不是照單全收——「須彌山與四洲」的解說即爲一例。

《淨土新論》

淨土宗是中國佛敎的顯宗，對其信願行之篤實，印順法師也曾在言談之中，給予贊歎。然而其病往往是對全體佛法的宏觀不足，所以有些行者，會視一句佛號爲阿伽陀藥，而強調持名念佛乃「三根普被，利鈍全收」之行門。這難免在思考或實踐上，會出現盲點。印公即是立足於「全體佛法」之基本考量，而寫成引起軒然大波的《淨土新論》。

他在本書中對一般的「淨土」觀，作了一些針砭。

在此扼要列舉六點：

第一、把「淨土」的定義放寬，明其爲人類共同企求的理想界，復爲三乘共趨的行門，所以有五乘共土、三乘共土及大乘不共土，不專談淨土宗所嚮往的彌陀淨土。

第二、強調佛教是徹底的「自力」論者，淨土不是一佛的神奇力之所締造，而是菩薩行因時，攝化一分同行同願者共所創建，依此攝受一分衆生，使衆生也參加到淨土中來。諸佛、菩薩與衆生輾轉互相增上助成，這是淨土施教的眞正意義，也是淨土的特色所在。

第三、批評中國淨土行者走向偏鋒，專事果德讚仰，少求福慧雙修；但求仗佛力以生彼國，不圖會衆力以淨此間，這是淨土思想的一大損失——亦即：但求往生淨土，不圖莊嚴淨土。其實，發願共同莊嚴淨土爲大乘常道，往生淨土但爲依佛與行人輾轉增上之「緣起」義，別開方便，以慰志性怯劣的初學行人。

第四、依《觀無量壽經》義，認爲持名念佛祇是專爲一切惡人臨命終時施設的方便法門。復從印度佛教追本溯源，認爲「往生淨土」的方法有多門，不唯「念佛」而已；而「念佛」是三乘共行的禪觀，稱名則本非修行方法，此但屬佛弟子日常生活中的宗教禮儀。但以病苦危難時念佛，自然容易同時稱名，此理同於「人窮呼天」。兩種方法是如此自然融合的——祇有在危急苦痛而無法可想，或個人無力修學高深法門時，才開「稱名念佛」

的易行方便。換句話說：它不是「三根普被」，而是「曲被下根」。

第五、「易行道」不祇「念佛」，《華嚴經》中的十大行願都屬於除障修福之妙方便。但易行道難於成佛，難行道反而容易成佛——這是強調淨土法門「頓超直入」者所無法接受的，但確是古聖經論的正說。同理，說往生淨土能了生死，也屬於「因中說果」之「別時意趣」，因為尚未斷惑見真，是不可能了生死的。

第六、往生淨土，不但須勤念佛以為正因，復須廣植善根福德以為助緣。亦即：不可忽略人間的十善正行。尤其彌陀淨土，本屬「大乘不共土」，這更不能忽略「發菩提心」的重要。

這些無非是依據印度經論，而非中國的祖師遺訓，所以在傳統淨宗行人看來，難免感到扞格不入，甚至逆耳刺心。也因此，本書一出，傳統的淨宗行人立刻譁然，視做異端，甚至有激憤到焚毀其書者。

另一方面，共同創設「人間淨土」的自力宗教觀，無疑的也是「人間佛教」的一貫宗旨。從而吾人可以看出，印公雖然體大思精，研究主題也不少，但都不是遠離宗旨的清談而已，自有其「吾道一以貫之」的總綱——尋研契理契機的「人間佛教」。

先知寂寞

由於修學佛法的動機來自探佛本懷，以古為鑑，明

其演化、變質與衰落之原因，俾其脫落鬼化、神化與俗化的陰影，從傳統束縛之中超拔，復興契理契機的人間佛教，所以他生平不自詡「為學術而學術」，而是為致用以勤學。他不認為自己是個「學者」，因為他的研究熱情來自對佛教的一分責任感。他深知：不是光憑愛教的熱情，就可以解決問題的；無論是在思想上，在制度上，都要具足學術的基礎，才能提供正確的改革方向。

因此，儘管他是如此衰弱多病，但湧現出來的心力卻異常強大，文章也反映出光明、開拓、冷靜與清涼的心境，給人讀來沒有一般純學術著作的沉悶之感，也沒有一絲憂愁、苦悶、消極、無奈的病弱氣息，反而有鼓舞振奮的感覺。就此點而言，我們可以在他著作的字裡行間，不但擷取到他咀嚼佛法的智慧果實，也感受到他體悟佛法後散發的，平和而悲天憫人的宗教家氣息。

他是太虛大師的門生，太虛大師有大開大闊的氣象，畢生為振興中國佛教而努力，甚至因提倡「教制革命、教理革命、教產革命」，而引起傳統佛教界強力的反彈，卒鬱鬱而終，不得竟其志業。印順法師雖不將「革命」放在口中，卻以他深厚的學術功力，用支筆主導了那個時代掀天動地的思想革命，而在未來長遠地影響著佛教，無形中挑戰著許多傳統觀念，給老舊沉悶的華人佛教界，意外地注入了新生的力量——新生代的知識份子與學校青年，多半受到他思想的啟發。

大凡一個時代中先知型的人物，必然要面對深刻的

寂寞；因爲他敏銳的思想，必定超越庸常的大衆，也超越一般落入慣性而積非成是的觀念。所以「黃鐘毀棄，瓦釜雷鳴」，也不過是世間常態而已。但是未來的歷史，就會證明他的高瞻遠矚。而他的寂寞，不但來自庸常大衆的不了解，即便同是先知型人物而對他賞識不已的太虛大師，也與他在幾個重要問題點上，各說各話。

舉例而言：在三系問題上，太虛大師始終就沒有贊同過印公的意見，主要是因爲：大師是立足於中國佛教之傳統，而印順法師則著眼於印度經論的根源。後者以人間的佛陀爲本，以三系爲大乘佛法的開展與分化。而太虛大師卻認爲大乘別有法源在《阿含》之外──由於依中國佛教傳統，所以以《楞嚴》、《起信》等爲準量，也就是以真常唯心爲根本。但是兩人並沒有像柏拉圖與亞里斯多德，各持己見而導致決裂。印順法師也從未面臨要在「吾師」與「真理」間但擇其一的困境。從兩造的往復論辯中，看得出兩位一代大師心胸之坦蕩磊落！這未始不是師資論難的典範。終大師之一生，始終對印公器重有加；而大師身後龐大遺著之整理，也是在印公主持之下完成的。

祇是，他生平出書，僅有兩次請人寫序──都是找太虛大師。第一次是《唯識學探源》，大師的建議，使得他原訂的寫作計畫中輟（前章已述），實在是讀者的一大損失。第二次就是《印度之佛教》，大師的序文〈議印度佛教史〉與他的意見，顯然南轅北轍，似乎也不像序文。

印公晚年與作者閒談時述及此事，乃謂「從此再也沒有請人寫序」，這倒是難得一見的出書經驗。不過當時他獨力探索而堅持真理的孤寂感，也可由此略見一斑。

十一·多事之秋

大醒法師

四十一年十月，從日本會議結束回臺，由於原自香港來臺時李子寬未爲他辦出境證，一時他也無法立即回到香港，李子寬遂留他住在善導寺，並於善導寺護法會提議，在原有的章嘉大師與南亭法師(1900-1982)之外，增聘印順法師爲該寺導師。他雖覺得不妥，但子老極力說明這祇是護法會表示的敬意，其他一切照舊，南亭法師照常主持法務。

隨後，在李子寬及臺灣省佛敎會會長陪同下，走訪臺中、員林、嘉義等地佛敎，並應基隆佛敎講堂之請，抵基講法三日。

十二月十五日，原任《海潮音》雜誌社社長的大醒法師(1900-1952)圓寂，李子寬老居士集部分護法商議，請印順法師繼任社長，李子寬爲發行人。

大醒法師是印順法師在民國二十年閩院求學時的師長，代太虛大師總理院務，同學稱之爲「大法師」。大法師畢生愛護印順法師：起先推介他去鼓山任湧泉佛學院

教師，旋要他爲同班同學上《十二門論》；他由於得到較多休息時間，所以雖體弱多病而得以拖延修學時期。三十五年秋，太虛大師要大醒法師繼任雪竇寺住持；三十六年，在雪竇寺編《太虛大師全書》，續明法師等要印公講佛法，遂講〈心經〉與《中觀今論》。大醒法師總是穿了海青，嚴肅地坐著聽。這種不計輩分，以法爲重的精神，足爲後生作表率。他曾說：「圓瑛法師一生的著作，比不上印順法師一篇文章。」❶印順法師在香港而尚未來臺，他已極力向求法心切的居士推介印公。他甚至曾向李恒鉞說：

「你跟印順導師學！他是太虛大師座下，我的同門師兄。說句實話，我給他的弟子作學生，都不夠資格！」❷

這位不計一切（甚至貶低自己）而護蔭著他的大德過世，令印公生起無盡的追思，而盛讚他是「大悲菩薩之流」。由此可見印公的智慧，是如何地受到師友的敬重！

四十二年一月，印公正式接任《海潮音》雜誌社社長，並請續明法師由香港來臺擔任編務。由於這是一份太虛大師創辦而維持了三十多年的雜誌，有歷史意義，

---

❶ 幻生法師：〈一個別具意義的祝壽集會〉（《內明》，第一五九期）。

❷ 李恒鉞：〈我從導師所學到的中觀〉（《印順導師的思想與學問》）。

所以擔任社長，也是義不容辭。但此後在缺錢缺稿的劣
境下，發行人李子寬再三與編輯衝突；編輯離職了，就
又向印公要人，煩不勝煩。一直維持到五十四年，學長
樂觀法師接任發行人兼編輯，這個精神重擔才卸了下來。

遷建福嚴精舍

　　南亭法師先前已在新生南路成立華嚴蓮社，四十二
年初，就在蓮社過舊曆年；印順法師也不願留在善導寺，
被信眾作為新年敬禮的對象，於是就到汐止靜修院去過
年。不想新年回來後，南亭法師卻從此不再來善導寺。
逢到星期共修會，信眾見南老沒來，就來懇求印公開示，
他就這樣隨緣接受邀請。這和去日本開會一樣，無心佔
去他人名額或地位，卻因緣際會，不自覺或不由自主地
接受因緣的安排，而導致別人的猜忌，也種下了未來無
邊困擾的苦因。

　　另一方面，他來臺原祇是為了赴日與會，但想不到
李子寬祇為他辦入境證，而沒為他辦出境證，待他應其
邀請而隨緣留住臺灣之後，心裡依然惦記著要回香港辦
妥創建福嚴精舍事宜，卻因無出境證而無法離臺。待他
一再向子老說明非回一趟香港不可，子老卻提出要他申
請定居臺灣的辦法，說是這樣容易發下出境證。定居手
續辦妥，立刻申請出境，卻如石沉大海，了無消息。二
月間，祇有死了返港的心，設法將功德款移來臺灣，在
臺買地建築了。由於演培法師也回臺灣，在新竹青草湖

靈隱寺講課，遂介紹到新竹買地，住在壹同寺。直到四月中，才決定在壹同寺後山(俗名觀音坪)，買了一甲多的坡地，然後包工承建。買地建築，共費新臺幣八萬元。

五月初，地也買妥了，工事也發包了，卻才收到出境許可的通知。這令他不能不覺得是李子寬的有意安排。子老可能是有意留他定住臺灣，所以一開始就祇爲他辦入境證，而在沒出境證的情況下，他祇好依子老的建議，退而求其次，辦理居留手續，以期得以順利出境；但有關「申請居留者六個月不得出境」的規定，則子老完全未向他說明，以致於他祇好作定居的打算。其實印公對香港並無特別好感，沒有非住不可的理由；祇是爲了經手籌建福嚴精舍的手續，不能撒下不管，所以才堅持要返港一趟。卻不意子老這番安排，使他陰錯陽差地在臺灣定居了下來。

他畢生與閩南有緣——在語言不通的情況下，竟拜閩南長老爲師；嗣後到閩南求學講法；由閩南避難到香港；這回來到以閩南移民爲主的臺灣，而且終老是鄉；往後又常到閩南華僑居多的菲律賓弘法。臺灣佛弟子此後有勝緣得以就近親近印老，也未嘗不是子老的功德！

有了出境證，他於是赴港處理未竟手續，搬運書物。東蓮覺苑方面所流通的印公著作，存書全部折價付還。六月下旬返臺，運回明德法師（即前述熱心助印《中觀論頌講記》的法師）等檳城佛學會所供養的玉佛一尊，向日本訂購的原版《大正藏》一套（該套藏經刻留於福

嚴精舍)。

　　九月，福嚴精舍竣工，成一獨立學團。十一日舉行落成開光典禮。印公自出家以還，一向依附於學團或寺院中，過著講學寫作的生活，自此以後，有了自創的道場。一時臺灣許多有志向學的僧青年，紛紛來親近學習。但也因此在無形中遭來一些猜忌，這就是始料之所非及的了。

十二・山雨欲來風滿樓

秀峰山上的警訊

　　暴風雨就要來臨了，身體衰弱而心思純淨的印公，在繁忙不斷的法事中，竟不曾注意環境的一切，連一點防範的心理準備都沒有。

　　十一月十七日，彌陀法會終了，他極度疲乏，要演培法師當天回新竹去，主持第二天上午新竹方面每週一次的定期講演；演培法師卻率直回答要去汐止秀峰山彌勒內院看刻在閉關的慈航法師（1895-1954）。由於慈老也是演公曾親近的師長，印公自覺不該阻止他的瞻禮，但那晚拖著疲憊的身子回去新竹，心裡多少有點不自在。沒想到演公這一去，倒是無意中聽到驚人的消息，而給印公一個危機重重的警訊。

　　原來他一到彌勒內院，慈老立刻說道：

　　　「演培！中國佛教，今天在我與你的手裡。」

　　演培法師驚異得有點茫然，慈老將一篇文章向關外

一丟：

「你自己去看吧！」

這是一篇慈老的文章，題目是：〈假如沒有大乘〉。全文對印順法師發動了無情的攻擊，大意是：印公要「打倒大乘，提倡小乘佛教，提倡日本佛教」，印公想要「做領袖」。於是指責：「到底是誰封你的？」文章祇寫成三分之一。——顯然，脾氣率直的慈航法師被有心人士唆弄了，對印公產生了極大的惡感。慈老是當時臺灣佛教界的領袖人物，深受僧信二眾的尊崇，此文若由他公開發表出來，對印公的殺傷力，非同小可！

演公驚慌之中，連忙向他解釋道：

「導師提倡中觀，不正是大乘嗎？怎麼說他要打倒大乘？他還寫了一部《大乘是佛說論》呢！日本佛教，導師以為在我國現有的基礎上，要模倣也是模倣不成的。老師不要聽別人亂說！」

慈老與演公有師生關係，對演公也有好感，所以談了大半天，他終於說：

「好！文章你拿去，我不再寫了，等打回大陸再談。」

他又對演公做了一個特別的表情，輕輕地說：

「有人要他（指印順法師）好看，等著看吧！」

印公聽了這個報告，似信非信，但那篇未完成的文章，此刻卻真真實實擺在眼前，不由得他不信。但在當時，有書獃氣而不知人事險惡的他，卻還以為因為他稱歎龍樹中觀義，說唯識是不了義，慈老卻是提倡唯識宗的，也許因此而有所誤會。因此他把這篇未完成文章，寄給在香港的同學優曇法師（1911-1992）——慈老的徒孫，希望他能向慈老從中解說，讓慈老明白他並沒有打倒唯識宗的想法。其實問題哪是這麼單純的學問之爭呢？他早已被捲入可怕的權利鬥爭漩渦之中，成為要被剷除的主角，此時竟還蒙在鼓裡而渾然不覺呢！

明修棧道，暗渡陳倉

經過精心設計而狠毒的「三部曲」，就在當事人渾然不覺的情況下開鑼了。

原來慈航法師的那篇攻擊文章，已是三部曲中的第二部。長老大德們隱蔽起真實動機，而悄悄地展開對他的致命一擊。打擊方式，先從「圍勦圓明」的姿態開始——第一部曲。圓明法師（1918-?後還俗，俗名楊鴻飛），是李子寬主持中佛會時派遣去日本留學的學僧，蘇北人。他與白聖法師、南亭法師和慈航法師都有一點淵源

——或爲同事，或爲學生，或爲助手。圓明法師多少受到日本佛學的影響，而有一些改革中國佛學界的理念，書諸佛刊。一次，他竟然要臺灣的法師們「向印順法師學習」。並在另一篇批評慈老的文章上，也要慈航法師「向印順學習」。這可是對慈老尊嚴的一個損傷！圓明法師的言論自由，卻讓印公爲他揹負了代價。大陸來臺的佛教界，發動了對圓明的圍勦，並由中佛會——會長章嘉大師（1891-1957），秘書長吳仲行，通知各佛教雜誌，不得再登載圓明法師的文章。

然而，表面上雖是一致地痛恨圓明，但在耳語運動中，部分攻擊印公的核心人物，卻另有一套傳說：

——圓明不是要大家向印順學習嗎？圓明的敢於發表文章，是受到印順支持的！

——（進一步活靈活現地說）某篇是印順修改的，某篇是印順寫而由圓明出名的。

——刊圓明法師文的《覺生雜誌》編輯部，實際是在新竹的福嚴精舍。

無邊謠言，傳遍北臺灣，他偶爾聽到一點，竟也沒意會到嚴重性，祇是以「事不關己」的心情，一笑置之。

於是，圓明的一切，都要由他來承擔。「邪知邪見」、「破壞佛法」、「反對大乘」、「魔王」……等等詞彙，全堆集到印順法師的身上了。

甚至有傳言道：

「圓明去函慈老，告知過去的文章，都是印順要他這樣寫的。」

信徒來向印公求證消息，他說：

「我也聽說圓明有信給慈老。慈老與我，也可能多少有點誤會，但我信任他的人格，他是不致於妄語的。你們倒不妨直接向慈老請示。」

後來慈老果然向來人澄清：

「圓明說祇是：他是爲眞理而討論，對我沒什麼惡意，信裡也沒有提到印順。」

這是「明修棧道，暗渡陳倉」的技倆——整肅印公的第一部曲。

精心設計三部曲

慈老的〈假如沒有大乘〉，是他們設計拖慈老下水，對印公展開正面攻擊的第二部曲。他們個個先後登上秀峰山彌勒內院，提供給慈老不實的訊息，讓慈老誤以爲印順法師是個要「打倒大乘」的人，大家異口同聲，要

慈老出來「救救中國佛教」，要慈老「登高一呼，降伏邪魔，否則中國佛教就不得了」！基於信仰熱誠，在關中專修的慈航法師終於提起筆來，寫下了那篇未竟文章。好在因演培法師在彌陀誕那天心血來潮，非要上秀峰山拜見慈老不可，不肯回新竹代印公演說。他來訪後的及時說明，化解了一場劍拔弩張的緊急情勢——解除了重創印公的這場危機，其實也未嘗不是解救了慈老——無形中解除了慈老日後揹負「做他人打手以殘害忠良」的歷史惡名。

當時的慈航法師，在臺道譽尊隆，趙恆惕（1878-1971）、鍾伯毅……等護法長者們，對他相當敬信。倘若連慈老都出面對印公痛加批評，在臺有力的護法長者對印公的觀點可就要有影響了；如此則日後的政治迫害是否能如此簡單化除，也就命運未卜！

先以「圍勦圓明」方式，造成不利於印順法師的廣泛傳說；再來由慈老登高一呼，必會使他失盡佛門護法的支持，那麼第三部曲一出現，他就無疑的要倒下了！雖然第二部曲的演出，胎死腹中，但第三部曲的戲目，已然登場。這就是「扣政治帽子」的《佛法概論》事件。

十三·《佛法概論》事件

扣政治帽子

時值民國四十三年初，印公時年四十九歲。一生與政治無涉的他，終於淺嚐所謂「白色恐怖」的滋味。可諷刺的是：迫害源頭並非來自政界，而是來自教界。

農曆十二月初八日晚上，善導寺有一小集會，來會的，有白聖法師（1904-1989）、南亭法師、佛教會秘書長吳仲行、周子愼等。吳與周問印公對圓明的看法，問他是否贊成圓明的思想。印公大概說：圓明留日，多少學到些治學方法，如考據學；但考據的結果，不一定就是正確。他祇知圓明譯介了部分日本學者的看法，至於圓明本人的思想，他完全不知道。來人儘是將「日本佛教」等同於「小乘佛教」的說辭，令印順法師無可奈何，但又覺得無從說起，祇是據實回答自己與圓明並非思想相同或有任何關係。這當然不能滿足來會者的目的——將圍勦圓明的主題聯結到印公的身上，以便於展開檯面上的鬥爭。祇見吳仲行把桌子一拍說：

「爲共產黨鋪路!」

就這樣走了，集會也到此結束。

吳仲行的一句話，印順法師也意會到大有文章；連帶的他也想到集會何以如此安排？目的安在？但一切在不明朗狀態，他也祇能被動地靜觀其變了。

國民黨中央黨部，有一種對黨員發行而不向外公開的刊物，當期該刊之中有謂：

「印順所著《佛法概論》，內容歪曲佛教意義，隱含共匪宣傳毒素，希各方嚴加注意取締。」

這當然是國民黨籍的佛教徒，將他所著《佛法概論》，向黨方或保安司令部密報，指爲隱含「共匪宣傳」而引起的。

吳秘書長以此去見章嘉大師，認爲中佛會該有所表示。章嘉大師一向是相信李子寬的，所以要吳與李協商。那時李祇是中佛會理事，吳沒依囑向他徵求意見，卻於一月十三日，以中佛會（四三中佛秘總字第一號）名義，特電全國各分支會及佛教團體，對國民黨所取締的《佛法概論》加踹一腳，說是「希一致協助取締，勿予流通傳播」，並以副本分送內政部、省政府、省保安司令部、省警務處、各縣市政府，以表示中佛會的協助政府。

這是對印公最冷酷的嚴重打擊！好在印公一向不善

與人交際往來，所以也就沒有受中佛會圍堵而「門前冷落車馬稀」的難堪；身邊的人則一切如常，沒有嫌棄，而祇有爲他著急，或是氣忿不平。

中佛會行文以後，無邊謠言傳播出來；印公爲免大眾深造口業，以明自己仍屬自由而非被拘禁，於是於農曆正月十五日前後，在《中央日報》上刊登說法廣告，連續講了七天，聽衆踴躍如舊。這樣以事實來答覆謠言，那些離奇的口業，果然大大減少了。

好在那時政局已比較安定，對於這類密報，如查無實據，決不輕易加以拘捕。所以在這次文字案中，沒有人來盤查、傳訊或拘提過他。

楚人無罪，懷璧其罪

整個分析起來，他之所以會被鬥爭，祇可用一句「楚人無罪，懷璧其罪」以形容之。如今正在惱怒猜忌他的長老法師，過去在他住錫香港時，未嘗不關護他。白聖長老與南亭長老促成某夫人供養一事，也可資證明。奈何他渾不知情地被李子寬設計來臺，不但佔去了赴日開會的有限名額而搶了別人的風采，又在「好意成負擔」的情況下，勉爲其難接受了吃力不討好的「兵家必爭之地」——臺北首刹善導寺——的「導師」名義，而犯了別人的大忌。嗣因無法返港而作精舍移臺的打算，各方僧青年向福嚴精舍集來參學，儼然成爲佛教的一大力量。演培法師到處稱頌他所敬愛的導師，圓明法師又爲他發

表觸惱其他法師的文章。這些跡象，當日必定被評估爲「印順要在臺灣大展身手，爭做領袖」。他在香港已經被擁在佛教權力的頂端——兩個全香港佛教會的會長，如今返臺，除了中佛會的領導權，他又能把什麼擺在眼裡呢？如此分析下來，除非將他從臺灣徹底剗除，否則無以維持原有的權力生態。

雖然印公也在事後分析他遭忌的原因時，將他與傳統不同的淨土思想，舉揚空義而以唯心爲不了義，以及內向不善交際而易被誤以爲目中無人等等理由都列進去，但是想來最大的理由還是「權力生態」的問題；學問思想不一樣，祇是後來被當做打擊工具而已，生性內向也不必然構成遭受迫害的理由。

當然，如果沒有李子寬，事情也不至於是這樣發展的。子老雖以在黨國的尊崇地位而存心護法，但是一些作風，已使他在中佛會不得人和，與大陸來臺法師之間，成見頗深。善導寺是更重要的關鍵——這間日據時代創建的寺院，光復後大部分寮舍由臺北市政府所徵收，三十七年始由李子寬與孫立人將軍夫人孫張清揚，捐一筆錢，而以「世界佛學苑」名義接了下來，並組成四十八人的護法會，子老是該會會長。由於居士領衆無法滿足信衆需要，遂禮請南亭法師爲「導師」，但人事經濟權仍在握。法師們認爲寺院應屬出家衆，但子老又請來印公以主持法務；有印公在，則其維持善導寺就不是問題。這樣，爲了對付子老，讓他交出善導寺，就得先對付印

公了。

在那個對政治思想犯極端嚴酷的白色恐怖時代，用「共匪思想同路人」的罪名，最容易讓印公永世不得翻身——甚至可能帶來「人頭落地」的殘酷結果。

然而印公一向是專心學問而疏離政治的人，又如何給他扣上「政治帽子」呢？《佛法概論》就是他們勉強找到的「蛛絲馬跡」。

事件交涉始末

《佛法概論》，原名《阿含講要》，這原是民國三十三年抗戰期間在四川的講稿，發表於《海潮音》時，就經過新聞檢查了。這一講稿，當時還受到太虛大師的獎金。為了它的發行，印公滯留香港，而無形中逃過了赤禍中陷身大陸的災難；如今它卻被貼上赤色標籤，而讓印公險被整肅！

《佛法概論》而被認為有問題的，主要是有關「北拘盧洲」的詮釋。佛經中有四大部洲的說法，但與現代的知識不合。印順法師不曲求附會當今的科學知識，而從根源上為這些傳說定位，認為：佛陀說法，旨在教導眾生離愛染而得解脫，並非將重點放在天文地理知識的傳布上。所以結集經典者有可能祇是就著印度古老的天文地理知識而引述傳說。但傳說也並非空穴來風，而有事實的成分，祇是往往年久失真而已。比如：傳說中的須彌山，可能就是喜馬拉雅山；而所謂的四大部洲，也

祇是就著古印度人有限的地理知識，指述印度半島而已。

在論述四大部洲之一的北拘盧洲時，他分析道：拘盧即今印度首都德里，爲古代婆羅門教的中心。北拘盧，也就是上拘盧，在拘盧北方，所以說：「傳說爲樂土，大家羨慕著山的那邊。」他畫了一幅地圖，北拘盧泛指西藏高原。當時是抗戰時期，即使是出書的三十八年，西藏也都還沒陷落。即使要隱指共產地區，也無從附會。這原是一學術性分析，如今卻成了鬥爭把柄。

《佛法概論》未修訂前之附圖

中佛會特電後二日（民國四十三年一月二十五日），他接受李子寬的建議，請中佛會轉呈有關機關，請求再予審查（附上《佛法概論》）。當時他分三項來申明理由

——「關於《佛法概論》者」，「關於個人者」，「關於來臺以後」。在「關於《佛法概論》者」的部分，他辨明的重點是：

一、佛法不同情共產主義之唯物論。

二、佛法重慈悲，反對殘酷鬥爭。

三、佛法反對極權政治，故僧團純為民主生活。

四、北拘盧洲雖為福地，但若更有智慧與慈悲，方為淨土。以世俗論之，此為古印度所傳之理想社會，與禮運的大同，耶教的天國，西人的烏托邦相近。此實為東西哲人共有之理想，而佛法則主張用「身心淨化」、「自他和樂」、「慈悲智慧」的德行實現這種理想。此與鬥爭之共產主義，絕不相合。

五、本書講說出版的年代。

過了幾天，李子寬告知：如此還不足以解決問題。這也許是政治的常例：既經明令取締，不能就此收回成命，否則顯得承認明文取締之為誤會。子老要他申請修正，他於是順從其建議，二月五日，由中佛會轉呈，申請修正。

就這樣由「再審查」而「再修正」，中間也有人來善導寺，索取有關資料。直到三月十七日，中佛會方面得到有關方面的通知，要他「將《佛法概論》不妥部分，

迅即修改，檢呈樣本，以便轉送」。這是准予修改而出版了。

　　他對四大部洲的解說，沒有改動，祇將地圖省去。對北拘盧洲的解說，減了幾句。修正樣本轉了上去，到四月二十三日，得中佛會通知，將修正樣本也發了下來，「希將印妥之修正本，檢送四冊來會，以便轉送。」就這樣，驚濤駭浪的半年，總算安定了下來。

雲淡風清

　　這一段遭遇，要是發生在一般人身上，必然是從此對陷害者視若寇讎，最起碼也會忿忿不平；但印公寫來，卻是雲淡風清。他事後的一段回憶，寫到當時的心得：

　　「這一意外的因緣，使我得益不少。一、我雖還是不會交往，但也多少打開了窗戶，眺望寶島佛教界的一切，漸漸的了解起來。這可說是從此進步了，多少可以減少些不必要的麻煩。二、我認識了自己。在過去，身體那麼衰弱，但為法的心，自覺得強而有力，孜孜不息的為佛法的真義而探求。為了佛法的真義，我是不惜與婆羅門教化、儒化、道化的神化的佛教相對立。也許就是這點，部分學友和信徒對我寄予莫大的希望，希望能為佛法，開展一條與佛法的真義相契應，而又能與現代世間相適應的道路。《印度之佛教》的出版，演培將僅有的蓄積獻了出來。續明他們去西康留學，卻為我籌到了

《攝大乘論講記》的印費。特別是避難在香港，受到妙欽的長期供給。這不祇是友誼的幫助，而實是充滿了爲佛法的熱心。學友們對我過高的希望，在這一次經歷中，我才認識了自己。我的申請再審查，還是理直氣壯的。但在申請修正時，卻自認『逃難時缺乏經典參考，文字或有出入』。我是那樣的懦弱，那樣的平凡！我不能忠於佛法，不能忠於所學，缺乏大宗教家那種爲法殉道的精神。我不但身體衰弱，心靈也不夠堅強。這樣的身心無力，在此時此地的環境中，我能有些什麼作爲呢！空過一生，於佛教無補，辜負當年學友們對我的熱誠！這是我最傷心的，引爲出家以來最可恥的一著！」❶

　　沒有一字一句怪罪別人，祇是不斷檢討自己。他的寬厚性格，就從他字字句句檢討自己的這段文章中，自然流露了出來。然而，這樣一位溫厚而與人無爭，於世無求的法師，將那樣一個病態的時代與一群病態的人之作爲，歸咎於自己的「懦弱」，這祇有令人讀來更加敬佩他崇高的人格！
　　一直到七十八年，有人撰文爲他這段遭遇控訴政治迫害時，他還是用一貫的溫和口氣向作者說：

　　「是佛教自己人不好，不必怪罪別人。」

❶ 印順法師：《平凡的一生》（增訂版，頁八四～八五）。

但這與子老要他「申請修正」，以為政治人物找臺階下，是何其不同的心情啊！似乎政治人物縱使學佛，也總容易把政治擺第一位，第二順位才是宗教。這一點，一旦遇到政教衝突時，就可從政治人物寧委屈宗教尊嚴以俯就政治威權的處理方式窺見端倪。

十四・繁忙的弘法生活

學佛三要

從四十一年初秋由香港到臺灣，到五十三年初夏在妙雲蘭若掩關，這中間將近十二年。在這十二年中，定居在臺灣。曾去過日本、泰國與高棉各一次，香港二次，菲律賓五次。四十四年秋到四十五年秋，又長在病中。除去出國與疾病，又為建築福嚴精舍、慧日講堂與妙雲蘭若而耗費了不少時間。表象上看來，從國內到國外，講經弘法，建道場，當住持，似乎法運亨通；然而在佛法的進修來說，印公自覺這是「最鬆弛的十二年」，講說與寫作，都不過運用過去修學所得的，拿來方便應用而已。

講說經論，對象以一般信眾為主，所以來臺以後，幾乎沒有講說大乘三系的主要經論。有些隨緣開示，也有些一般經論的講說。以下列述十二年的弘法活動——由此可以看出：這是一段繁忙的「通俗弘法期」。

四十二年春，於善導寺開講《瑜伽師地論》「真實義品」。

待買地建築返港諸事告一段落，九月，福嚴精舍落成，首先講〈學佛之根本意趣〉。

十月，在善導寺講《妙慧童女經》。

福嚴精舍落成

十一月，主持善導寺彌陀法會，每日開示，事後追記爲〈念佛淺說〉，並由善導寺護法會印行結緣。

癥結所在

四十三年春，爲闢「被拘禁」等謠言，於農曆正月十五日前後，在《中央日報》上刊登說法廣告，連續講了七天，聽衆踴躍如舊。講題爲：〈佛法之宗教觀〉、〈生生不已之流〉、〈環境決定還是意志自由〉、〈一般道德與佛化道德〉、〈解脫者的境界〉。

夏天，風波已告平息，修正後的《佛法概論》重版。

李子寬延請印公南行，訪問臺南、高雄、屏東佛教，並隨緣開示。

漫天風雨，已使印公意會到：問題的癥結，在善導寺。住在善導寺，他是永不會安寧的。可是子老雖爲他帶來問題，卻也爲他消解了問題。目前子老在善導寺，不能沒有印公的協助，所以在道義上，印公也還不忍說去，還是照常主持法務。從這也可看出他處處爲人設想，而寧可自己吃虧的厚道！

十月二十日起，善導寺啓建藥師佛七法會，印公先期講《藥師經》，由常覺（1927-）、妙峰（1928-）二法師筆記，成《藥師經講記》，來年出版。

這年在善導寺，他爲共修會編頌宣講《成佛之道》。

冬天，演培法師在新竹靈隱寺所主持的臺灣佛教講習會結業了，有幾位想來福嚴精舍共住，於是由悟一（1922-）及常覺法師監工，福嚴精舍增建部分房舍，以應共住人數激增之所需。這次印公增建了關房，準備在可能情況下，退出臺北的是非場，回精舍來與大家共同研究。

十一月中旬，印公經X光透視，才知有肺結核，屬中型，大部分已鈣化，氣管也因之彎曲。

餘波盪漾

四十三年底，應性願長老（1889-1962）之請，赴菲律賓弘法。原來早在四十一年冬，性願長老即託來臺的

施性水等力邀印公赴菲，但以事緣未即成行。此番初到
菲律賓，妙欽法師已去錫蘭深造；他住在馬尼拉近郊的
華藏寺。其間在信願寺、佛教居士林等的幾次大型演講，
聽眾踴躍，開菲島佛教說法前所未有的盛況。

　　四十四年四月九日起，馬尼拉佛教居士林組成「南
島弘法團」，陪同印公，以一個月時間遊化於菲律賓南方
的宿務、三寶顏、古島、納卯等地。南島一月之旅，正
值熱季，所以非常辛苦(回來病就漸漸加重)，但也有一
意外收穫，那就是：在宿務市，陳慧華與劉梅生，由此
次聞法感召，於是共同發起創辦普賢學校。其後福嚴精
舍唯慈法師受邀來此學校服務，以迄於今。

四十四年農曆正月菲律賓信願寺弘法後合影

　　返臺前，印公通知李子寬，決定回臺主持佛誕。未
幾，收到臺灣來的歡迎信，蓋著「歡迎印順法師弘法回

國籌備會」的木戳。以印公之生性淡泊，一向對盛大場面不感興趣，所以立刻給子老一封信，信上說：有二、三人來接機即可，「切勿勞動信眾，集中機場歡迎」。

這一封信，無形中給了子老一個下臺階。原來中佛會對這次的擴大歡迎頗有意見，為此召開臨時會議，吳仲行乃發言，要子老負責，不得率領信眾去機場歡迎。五月底，印公返國當日，信眾來多了。子老宣布：大家留在善導寺歡迎，不要去機場。理由又不能明說，信眾人多口雜，哪裡肯依！忽地想起印公的信，於是取出向大家宣讀：「切勿勞動信眾，集中機場歡迎」。要大家「尊重導師的意見」，大家這才作罷。

祇一個信眾們自發性的歡迎，都要橫加阻撓，由此看來，當日的中佛會對印公的忌刻，並未隨《佛法概論》事件的落幕而終止，依然餘波盪漾。好在印公性不喜炫耀誇張，還讓他們捉不到什麼把柄。但是有關單位的暗中調查，則似乎未斷。

慈允晉山善導寺

早先，印公以供養所得做為福嚴精舍的經費，所以個人與精舍的經濟不分。旅菲弘法時，菲京瑞今法師（1904-）願代為籌措生活費三年；由於福嚴精舍學眾日多，四十四年六月，演培法師在善導寺成立福嚴精舍護法會，善導寺護法會每月也樂助一千元。從此精舍經濟才告獨立。(但印公的車馬費三百五十元卻從此取消；在

這方面，子老似乎太過精打細算了！）

印公回國以後，以精舍學衆增加，開始對學衆作專題演講。但體力益感不能支持，飲食不消化。中秋後，因服藥而突發高燒，經診斷爲肺結核，須長期靜養，於是在臺北市重慶南路，臨時租屋靜養六個月。善導寺法務，由演培法師維持。

冬，臺中寶覺寺傳戒，受住持智性長老(1884-1964)聘爲教授和尚。因病，由演培法師代表。

四十四年底，在臺北市伍順行宴會中，李子寬被心悟法師當衆嚴厲指責，說他將善導寺佔爲己有，不肯交給僧團，勢頗難堪。子老來與靜養中的印公商量，要他出來負住持的責任。印公原已在福嚴精舍建妥關房，準備適時退出善導寺，但由於同情子老處境，於是允其所請，旋即訂立住持與護法會間的規制。

四十五年三月四日，印公晉山，是日有章嘉大師等五百餘人觀禮。

四月四日，福嚴精舍初次舉行般若法會，並開護法會。

這年春天，有兩位在寶覺寺新受戒的比丘——能學(1938-)與傳諦，來住福嚴精舍。精舍那時是典型的學團，印公雖略有講說，但主要是住衆自己閱讀研究。這兩位新戒，沒有佛學基礎知識，怎能自修呢！印公慈悲，竟爲了兩個人，而請法師們發心，於四十五年下半年起，爲他們每天講半天（兩節）課。這樣，「半天課」的消息

不逕而走，新竹的年輕尼衆或預備出家者，有六、七人來旁聽，威儀也不錯。演培法師與壹同寺住持玄深法師（1913-1990）談起，覺得尼衆無緣進修佛法，太可惜了！於是醞釀設立女衆佛學院。

秋，印公住南港結核病院，計時三個月。住院期間，一度有切除肋骨的打算；這才與正在靈隱寺掩關的續明法師商量，要他移到福嚴精舍掩關，可兼照料精舍。出院後，信衆爲他置靜室於臨沂街，以資靜養。

這一年，印公選年來短篇論著及講稿，編爲四冊以流通──《人間佛教》、《學佛三要》、《頑石點頭》、《以佛法研究佛法》。編印的緣起，是有感於自己近年來的多病多障，所以四書以結緣爲主。

四十六年一月初，美國友人先後來善導寺造訪，對溝通中美文化事業，進行商討。美國來華研究中國史的李豪偉（Dr. Howard S. Levy）盼能將中國佛教對西方人士做一介紹，遂推定由道安法師(1907-1977)執筆，巫學坤等譯爲英文，由美國亞洲協會印行。

二十七日，印公剃度恩師淸念上人（1875-1957），於晚食畢，吉祥入滅於新加坡之海印寺，得戒臘六十有四，世壽八十有二。火化後得舍利千餘粒，由於時難，無法歸葬普陀山，遂於十二月三十日，將遺骨護送來臺，暫供於善導寺，嗣翌年二月二日福嚴精舍福慧塔落成，再奉安於福嚴精舍。

五月，與甘珠爾瓦大師應中國佛教整理委員會推選，

四十七年春攝於福嚴精舍，前排坐者四人，右起演培法師、印順法師、印實法師、續明法師。後排左一：能學，左三：傳諦（「半天課」爲彼二人設）。

四十五年於重慶南路靜室養病中

為紀念佛陀涅槃二千五百年的赴泰代表。五月七日出發，六月七日返臺；除至泰國曼谷參加佛紀慶典之外，也順道到香港與高棉金邊訪問。印公將此遊雜感，講〈泰國佛教見聞〉於善導寺，由常覺法師筆記。

六月十八日，當選中佛會第三屆理事。

七月，菲律賓佛教居士林回國訪問團，舉印公為導師，並發起「中華民國海內外佛教徒聯誼會」，於八日在善導寺召開籌備會議。

女眾佛學院

九月六日，新竹女眾佛學院舉行入學式，由印公任該院院長，演培法師任副院長；教學由精舍法師們負責，住處及經濟生活，概由壹同寺負責。後來有感於學生須有女眾來領導，才邀香港的黃本真(1919-，後拜印公出家，即慧瑩法師)來臺負監學之責。

十五日，有感於善導寺逆緣叢生，遂以「因新竹福嚴精舍及女眾佛學院，需經常指導修學，以致教務寺務，兩難兼顧」為理由，辭卸善導寺住持。善導寺護法會禮聘演培法師繼任。即使用這樣不傷任何人感情的方式離開，都還是有一些信徒希望印公長住臺北，而造成他的困擾與為難。

返精舍後，為學眾開講《楞伽阿跋多羅寶經》；也就順為作〈楞伽經編集時地考〉。又為女眾佛學院增補《成佛之道》的偈頌，作為講本。

多天，爲女衆佛學院的孫姓學生剃度，取名慧瑜；這是他第一次收女衆出家。

是年，爲星州彌陀學校編「佛學教科書」十二冊。

四十七年春天，進入第二學期，爲了服飾與威儀，學生以尼衆爲限；於是學生有五、六人出家，他也收了慧理法師出家。這以後，他也隨緣收女衆徒弟，但由於自己並未建設女衆道場，所以跟隨他的尼衆也居無定所。也曾發心在新店山上的銀河洞購地，欲蓋女衆道場，但因有異議而作罷。

兩寺聯合上座

夏季，爲性願長老祝七十大壽，印公第二度赴菲，與正宗法師同行。那時妙欽法師已經回菲了。抵菲後，在信願寺講《藥師經》全部，由妙欽法師譯閩南語。由於菲島佛教，是由性願長老開化，時間未久，還保有佛教的樸實。性老不但建信願寺，又於退居後，在郊區另建華藏寺。那時性老有二寺合一的構想，於是八月二十四日，推舉印公爲信願寺及華藏寺聯合上座(住持)。此後，從四十八到五十年，他每年必來菲一趟，並促成了能仁學校的誕生。

十月初返臺，擬於臺北市區，購三、四百坪地，籌建慧日講堂，作爲精舍學衆外弘的據點。

多，應善導寺住持演培法師之請，在善導寺專題演講五日，講題有：〈心爲一切法之主導者〉、〈佛教之涅槃

觀〉及〈修身之道〉，並由慧瑩法師筆記。

年底，去菲京度舊曆年。這是第三次赴菲之行，長達半年。

四十八年三月間去宿務說法。四月九日，出席菲華各界支援西藏抗暴運動大會，代表佛教演說，此後在菲京仍有講座。

七月十五日由菲至港說法半月，八月七日始返臺灣。

十一月一日，辭退福嚴精舍住持，並請續明法師繼任，是日舉行晉山典禮。

冬，應政治大學人生哲學社邀，講「佛教的人生觀」。

十二月十日，應中華民國聯合同志會之請，於教育部大禮堂，講「佛法的世界性」，強調唯有發揚佛法之世界性，世界才有真正的和平。一小時說畢，聽眾熱烈討論。其後印公遂自撰〈發揚佛法以鼓鑄世界性之文化〉，以闡明其義。

冬，購得龍江街地三百餘坪，為講堂基地。印公並售去臨沂街靜室，以充經費；自己在臺北時，就借住平光寺。

年底到王田善光寺度舊年，完成了《成佛之道》的著作。

慧日講堂落成

四十八年，周宣德（1899-1989）推動成立「國際文教獎學金基金會」，希望藉由大專獎學金，以引導大專同

學接近佛法。印公覺得很有意義，遂與南亭法師、丘漢平、周宣德各出四分之一金額。其後各種類似目的獎學金，均在周宣德主持下設立。五十年，成立慧炬社，發行《慧炬月刊》，深入各大專院校，成立佛學社團。此後佛法能在臺灣紮根於知識階層，宣老功不可沒。印公後來又還贊助臺幣三十八萬元，作爲慧炬社擴建之用。他認爲：這是與居士團體的關係中，沒有讓他失望的一次。

四十九年，六月十四日，四度赴菲弘法。行前勸演培法師：三年的任期圓滿，可以辭卸善導寺住持。

夏，臺北慧日講堂動工，工程由大同公司董事長林挺生之父林提灶老居士發心負責。

七月十日，新竹女眾佛學院第一期學僧畢業，以印公在菲，由副院長演培法師主持畢業典禮。

八月間，印公三度抵宿務市弘法。

八月二十六日，當選爲中佛會第四屆理事。

九月二十三日，演公如印公所勸，辭卸善導寺住持；自此印公方實現多年來「與善導寺完全脫離關係」的願望。

這一年在菲，促成岷尼拉能仁學校的成立，由信願寺全力支持，妙欽法師親自指導，其後還由小學而進一步再辦中學。

十一月一日，經由香港返國。

回國後，應鄧翔海、鄭震宇之請，假重慶南路中國石油公司客廳，每週三次講《楞伽經》。印公圖示綱要，

並分科判，次第講解。待慧日講堂落成後，改在講堂宣講。此經總共講了三次，因緣不足，沒有成書，僅留有科判——五門、二十章、五十一節。

五十年初，續明法師主辦「福嚴學舍」，招收男眾僧青年就學。

一月二日，印公為臺北市蓮友念佛團佛像開光。

十五日，參加新竹靈隱佛學院畢業典禮——印公為該院導師。

二十四日，慧日講堂舉行落成開光典禮。是日，首由臺北市長黃啟瑞啟鑰獻花，次由印公主持佛像開光、

四十九年建築，五十年初落成的慧日講堂

上供，下午舉行歸依儀式。

在這以前，印公在臺灣的著作，都是由善導寺方面（包括《海潮音》的編校者）校對流通；慧日講堂落成後，就將書運到講堂，以「正聞學社」的名義流通，由住眾法師一人負責其事。

說法盛會

五十年春天，應政大教育研究所吳兆棠博士之約，於所裡開講座，介紹佛法對「心」的心理學上及哲學上之意義。每週一次，五次而畢。

春夏二季，講《妙法蓮華經》於慧日講堂，先後歷時三月。

六月底赴菲，兩寺聯合上座三年期滿辭退。約九月返國。

冬，與蓮友念佛團聯合主辦「佛學講座」，邀請緇素大德，分別就慧日講堂說法，一週一次，半年餘始停止。

五十一年三月六日起，講「五戒之原理及其實踐」於慧日講堂，歷時一週。

夏，講《大寶積經》「普明菩薩會」於慧日講堂，後自編為《寶積經講記》。

四月十一日，菲律賓佛教開山性願長老圓寂於華藏寺，世壽七十四歲。印公寄聯語以表哀思。

六月十日上午，在慧日講堂，舉行傳授五戒，參加者三十餘人。

農曆七月十五日起，講堂啓建盂蘭盆法會三天，印公每晚講《佛說盂蘭盆經》，參加法會者衆。

九月十八日，講堂秋節講經開始，印公開講《維摩詰經》（卷上）。緊接著，講堂啓建藥師佛七法會，每日由印公開示〈東方淨土發微〉，由能度法師筆記。

十二月二十五日起，講堂冬季講經法會，續講《維摩詰經》（卷中）。

十二月二十六日，在臺灣大學融熙學社講〈佛學的兩大特色〉——信仰與理智的統一；慈悲與智慧的融和。

五十二年一月五日，泰國宗教廳爲瞭解北傳佛教情形，特派僧伽訪問團來華，由大宗派朱拉隆功佛教大學副校長拍叨察盛戌蒂孟提法師領團，一行四人訪印公於慧日講堂。

二月十七日，講堂春季講經法會開始，續講《維摩詰經》（卷下）。

三月十七日，白聖法師在臺北臨濟禪寺傳六十壽三壇大戒，邀印公爲尊證。由於印公事先已應臺南市佛教會的邀請，戒期與預定的南部七日弘法時間牴觸，從白公意，由印海法師（1927-）代表。

四月五日起，應臺南、高雄、嘉義佛教界之邀，南下弘法約二十日。

六月八日，講堂夏季講經開始，印公開講《金剛般若波羅蜜經》，至二十九日圓滿。黃陳世德居士初來聞法，以「不歸依」爲條件。

八月間，續明法師在福嚴精舍所辦的福嚴學舍，開辦已兩年半，為增進學僧品學，特請印公蒞舍授課。

八月三十一日起，慧日講堂盂蘭盆法會期間，每晚講〈地藏菩薩聖德及其法門〉，由能度法師筆記。

十二月一日，講堂冬季講經開始，印公開講天親菩薩造之《往生淨土論》，七日始告圓滿。後由顧法嚴筆記，名《往生淨土論講記》。

二十二日，當選中佛會第五屆理事。

籌建妙雲蘭若

是年冬，擇地於嘉義市郊區，籌建妙雲蘭若，為閉關之計。工程委由天龍寺住持心一法師代為負責。

五十三年，一月一日，福嚴學舍第一屆學生畢業，印公頒訓。是日，以「不歸依」為條件而來聞法的黃陳世德來山參加畢業典禮，自動請求歸依，法名宏德。從此對印公專力護持，四事奉養甚厚，逾於父母。

續明法師在香港已有疾患，五年住持精舍下來，由於全力關護學舍學生，病也就愈加沉重。學生畢業後，他也就辭卸了精舍住持的責任，作出國的遊化活動。兩年後，他就在印度病逝了。

三月十四日起，掩關前作十天的環島旅遊，真華法師隨侍；從臺北出發，先後到宜蘭、羅東、花蓮、臺東、屏東、高雄、臺南、嘉義。二十四日晨，看過妙雲蘭若工地，下午北返。

以慧日講堂三年期滿辭退，依例由福嚴精舍、慧日講堂住衆共同推選印海法師繼任住持。二十九日舉行交接典禮，印公敦囑信衆，應一本愛護道場的信念，繼續護法，不宜因人之轉移，而有所軒輊。

四月二十三日，於講堂宣講彌勒菩薩造的《辨法法性論》，後由黃宏觀記錄，成《辨法法性論講記》。

五月十一日，印公離慧日講堂，移住嘉義妙雲蘭若；是日前往講堂送行緇素七十餘人，印公臨別開示：

> 佛子當以佛法義理相交，不可執象而求。

二十六日(農曆四月初八，佛誕)，就妙雲蘭若掩關靜修，至此，十二年擾攘的外弘生涯告一段落，恢復了內修生活。這一年，他五十九歲。

著述出書

這十二年來，在著作方面，有九十餘篇文章，發表於以《海潮音》爲主的佛刊之中；多數是一般性弘法文字，其中有許多是演說或講經，而經學生或信衆記錄整理的。

講說經論而成書者，有《藥師經講記》、《往生淨土論講記》、《辨法法性論講記》。《寶積經》的「普明菩薩會」，曾講了三次，所以追憶而自己寫出《寶積經講記》。

在此要述介幾類特殊的著作：

1.「人間佛教」系列

四十二年九月，福嚴精舍落成，首先講〈學佛之根本意趣〉（印海法師筆記），說到「學佛的切要行解」，在理解方面的綱領是「生滅相續」與「自他增上」；在修持方面的綱要是「淨心第一」與「利他爲先」。爲揭示修學大乘法的綱領，作〈學佛三要〉，三要是：信願、慈悲、智慧。以後部分的寫作與講說，可說就是「學佛三要」的分別說明。如：〈信心及其修學〉、〈菩提心的修習次第〉，是屬於信願的。〈慈悲爲佛法宗本〉、〈自利與利他〉、〈一般道德與佛化道德〉，是屬於慈悲的。〈慧學概說〉，是屬於智慧的。依這三者而進修，實現學佛的崇高理想，就是〈解脫者之境界〉、〈佛教的涅槃觀〉。修學佛法，不能不知道生死相續，以及依生死以向解脫的事實，所以講了〈生生不已之流〉、〈心爲一切法的主導者〉。這一系列有關菩薩修持心要的文章，後來編爲《學佛三要》，算是原先《人間佛教》講學綱要的其中一部分內容之擴充。

以「人間佛教」爲主題者，包括〈人間佛教緒言〉、〈從依機設教來說明人間佛教〉、〈人性〉、〈人間佛教概論〉（都發表於四十五年間）。依此法義而運用於多方面——即「人間佛教」的實踐，如：〈佛法與人類和平〉、〈佛教的財富觀〉、〈佛教的知識觀〉、〈我之宗教觀〉、〈發揚佛法以鼓鑄世界性之新文化〉。

對「人菩薩行」的提倡者與典範的太虛大師，他曾在香港編過年譜，寫過〈向近代的佛教大師學習〉、〈革

命時代的太虛大師〉，這段時間又發表了〈我懷念大師〉、〈太虛大師菩薩心行的認識〉。一再舉揚太虛大師的菩薩心行，不祇是爲了紀念，爲了感懷大師啓發思想的恩德，也作爲大乘精神的具體形象。

2.《成佛之道》

自四十三年起，先寫偈頌，講於善導寺共修會，再依偈頌寫解說；四十六年下學期，又擴充編定，作爲新竹女衆佛學院講本；四十八年底完成全書。本書依太虛大師所說「五乘共法」、「三乘共法」、「大乘不共法」的次第與「會歸一大乘」的意趣而編寫；其中，將大乘三系貫通於「法性」無二而「方便」多門的基礎上，將求生淨土之易行道插在大乘六度之「精進度」中介紹，都是非常獨到的見解。本書普及甚廣，深受佛教徒之喜愛，成爲一般佛學院通用的教科書。八十二年九月，附以引文出處的增註本出版，給使用者更大的便利。

3.佛教史地

闡揚大乘佛法的主題以外，他還是重視史的考證。有關印度佛教史的，如:〈論佛滅的年代〉、〈龍樹入龍宮取經考〉、〈楞伽經編集時間考〉、〈文殊與普賢〉、〈佛缽考〉、〈從一切世間樂見比丘說到眞常論〉、〈北印度之教難〉、〈論眞諦三藏所傳阿摩羅識〉、〈如來藏之研究〉。有關中國佛教史的，如:〈漢明帝與四十二章經〉、〈玄奘大師年代之論定〉、〈點頭頑石話生公〉。介於印、中佛教之間者有〈中國佛教與印度佛教之關係〉。這些文章，或是

史地人物之考據，或是思想演化之探究，每一篇都有他獨具隻眼的結論。

4.佛教教育

由於一向重視僧學，所以他也寫了一些與佛教教育有關的文章，如：〈佛教與教育〉、〈論佛學的修學〉、〈論僧才的培養〉、〈福嚴閒話〉。〈福嚴閒話〉是他四十四年歲末因病在臺北靜養，與常覺法師等閒談，表達他對福嚴精舍學眾的修學見解，而充分顯現他為學「不強人以從己」的開闊胸襟，常覺法師筆記下來的。為了精舍同學，他還擬了個「三年讀經書目」（每天一卷），列有從印度三藏到中國古德的著作。這是為專究的人，提供博覽的書目，以免偏重而陷入宗派的成見。

5.淨土思想

有關「淨土念佛」的主題，延續《淨土新論》的基本觀點，他進一步於四十二年在善導寺佛七中開示〈念佛淺說〉（常覺法師筆記），提示彌陀法門之為「他增上」與「易行道」的本質；又寫〈廣大的易行道〉，依《普賢行願品》而將「念佛」的意義擴大到「十大願王」；又依《大乘起信論》分析念佛法門的修行次第（從初學到現證法界的大地菩薩），以明易行道的廣大深遠。另外他在〈東方淨土發微〉中，則將東方淨土對於天界或自心之表徵意義，以及東方淨土對現實人間的啟發性，闡發前所未有的見解。

6.比較宗教

這一期間，由於都市弘法，多少與外界接觸，因而論到了基督教及儒家。基督教其時頗有一些打擊佛教的作法；比如：全面展開對佛教的文字攻擊；蒐查佛教名人錄而按期寄發宣傳刊物；在香港設置「道風山」，專門以利誘方式，號召逃赴香港的大陸法師來此，勸其還俗改變信仰。凡此種種，已引起佛教的極大反感，所以如煮雲、聖嚴等諸法師，莫不有破斥基督教義的文章，流傳甚廣。此中最引人注目的，就是印順法師發表於五十二年的〈上帝愛世人〉、〈上帝與耶和華之間〉及五十三年答吳恩溥的〈上帝愛世人再討論〉。其淋漓盡致而銳不可當的文筆，與一向的溫厚謙讓風格，迥然不同，這可能是對基督教攻詰佛教的行為太無好感所致。其後基督教人士公然攻訐佛教的做法就大為收斂，這應是當日印公在內的辯駁文章，讓他們感覺自討沒趣有以使然。

〈上帝愛世人〉系列文章，都是就著《新舊約全書》的內容而作提示的；主題是：上帝與人為「主奴關係」，人是站在「奴僕」的立場奉事上帝的。上帝不喜歡人有知識與合作無間，所以耶和華所喜悅的人，是「盲目無知識」，「分散無組織」的。著作緣起是：五十二年三月底，青年節前後，有臺北市和平東路某基督教會二人，夜訪印公於慧日講堂，並贈《新舊約全書》。師與《新舊約全書》睽違近三十年，又復見其時基督教亟欲以種種手段打擊佛教，遂於閱後作此。其後再作〈上帝與耶和華之間〉，指出以色列人的原始「上帝」非是西乃山上雷

神性質之耶和華，而係金牛犢(亦即牛之圖騰崇拜)。後香港吳恩溥牧師作文評之，印公乃再作〈上帝愛世人的再討論〉以答之。香港及曼谷道侶，將此印成小冊，分送各界。

由熊十力倡導的新儒家，延續宋明理學傳統，特別是熊本身曲解佛法以就新儒學說的做法，早已在大陸就引起過印公文章也在內的儒佛論諍；到臺灣後，四十二年，他撰〈中國的宗教興衰與儒家〉，從帶有強烈階級意識的古代宗教說起，痛切剖析儒家為主流的中國文化「非宗教」的本質，以及這種政治掛帥的文化中，政治對宗教或利用之，或監控之的態度所導致的種種後遺症。他指出：因此而養成現實功利的民族性，在下的侷促於倫常家庭，為當前的功利所奴役；在上的僅是形而上的玄學。這都不能從崇高的景慕中，喚起光明與熱情，養成強毅堅決的信念。宋朝以後，理學興而儒家獨大，控制整個官僚系統與知識網路，中國民族在慢性衰落中，逐漸的變得拘泥、怯弱、妄自尊大，短視近利，囿於狹小的現實，而不再有雄渾、闊大、強毅、虛心的漢唐盛德了！

儒佛在文化背景、學理來源及終極目的上顯然不同，但儒佛也不必然是要對立的，異中未始不可以求同，所以他在四十七年冬講說而由慧瑩法師筆記的〈修身之道〉，比較二者在立身處世的基本觀念及修學歷程上的同異；但這是以各各真實內容作為素材的比較研究，與附

會式的大雜燴的「三教同源」之玄論還是大不相同。

他對人類宗教的整體看法及分類，則有四十三年初在善導寺講述而追記成文的〈我之宗教觀〉（原題爲〈佛法之宗教觀〉）。本文雖短，但對「宗教」的定義，宗教的本質、層次、類別、價值，都有很重要也很獨到的解說。

7. 研究方法

他一向謙稱不懂一般所說的「方法論」，但是四十三年發表的〈以佛法研究佛法〉一文，被學界視作他研究佛法的方法論，他將研究佛法的態度與方法，簡要地歸納爲「諸行無常，諸法無我，涅槃寂靜」三法則。基本上他認爲：佛法的自覺自證，是超越時空而泯絕戲論的；但是佛法的思想與制度卻屬「世諦流布」，故不能免於在因緣相拒相攝中演變的自然法則，若以爲它應永遠不變，或依宗派之見而衡量它，都不符實際；故而在研究態度上，應有「無我」的精神，亦即不固執自我的成見，而讓經論的本義顯現出來。在方法上，則須認識時間上相似相續的生滅變化——「諸行無常」與空間上錯綜因緣的合流分化——「諸法無我」。在立場上，應將「涅槃寂靜」做爲研究者的信仰與理想；學人在研究中務必要把文字所顯的實義，體現到內心，還要「了解文字的無常無我，直從文字去體現寂滅」。

我們也可以說，前二法則下，印公接納了史學研究法，所以不會落入傳統佛學研究的窠臼。傳統研究者，

大抵由於缺乏教典流傳變遷的知識，所以對於先後譯出的經籍，不免立足於自宗見地，而給予「了不了義」的教判，並對異義勉爲會通；印公則跳出宗派藩籬，以史學方法，還原其變遷的眞象，並從其中尋出變遷的內在理路。後一法則使他謹記住佛法指歸修證的大用，所以也不會陷入現代佛學研究者純研究心態的盲點——學者往往強調「價值中立」，卻在自以爲是「客觀」的著作中，不免流出個人性格傾向與文化制約的「主觀」；有些則完全排除「超常識的宗教經驗」——因爲這部分完全無法以學術規格來檢驗，但這可能導致其無法眞正檢驗其餘部分的「實相」，因爲後者多半以前者爲根源。

8.華譯聖典的特色

由於歐日學者重視梵、巴、藏原典的價值，影響所及，連國人之受日人影響者，也多少貶抑華譯典籍的價值。他針對此一心態，四十一年秋剛來臺灣，在善導寺，寫下了〈華譯聖典在世界佛教中的地位〉，以不卑不亢的態度，客觀剖析華譯聖典的特色。大意是：第一、巴利語系聖典，以初期佛教的聲聞乘爲主；藏文系以後期佛教的秘密乘爲主；華文系佛教雖以中期的菩薩乘爲本，卻前攝聲聞乘而後通秘密乘。故惟有從華文聖典的研探中，才能完整的理解佛教的內容。第二、由於華文大藏經一概保留同本異譯，不像藏文系的不斷修正而符順後來版本，所以從華文聖典的研究比對之中，可以明瞭大部教典的次第增編過程及學派差異。第三、兩晉以前所

譯華文大乘經，與罽賓山區為中心的西域佛教特別有關，這在中國佛教界，造成了深厚的佛教核心思想。

　　證諸後來西方及日本學界，又紛紛重視華譯佛典的價值，與原先之漠視態度，不可同日而語，則印公此作，顯然有先見之明！

十五‧從孤獨中超脫

舉偈遙寄

掩關靜修，爲免驚擾各方，所以不發通知；僅於掩關當日（五十三年五月廿六日），舉偈遙寄，以告海內外緇素同道。偈曰：

⑴離塵卅五載，來臺滿一紀，
　風雨悵悽其，歲月驚消逝。
　時難懷親依，折翮歎羅什，
　古今事本同，安用心於悒！

⑵願此危脆身，仰憑三寶力，
　敎證得增上，自他咸喜悅。
　不計年復年，且度日又日，
　聖道耀東南，靜對萬籟寂。

印公爲什麼要在各方殷盼敎化的時節，急流勇退，而選擇獨處內修的生活呢？

妙雲蘭若掩關中攝

風波不斷，病緣不休

　　十餘年來，他一直矛盾、困惑於內修外弘難以兼顧，
兩不著實。早先到臺灣以前，他一直依附學團，過著與
共住者切磋琢磨的內修生活。來臺以後，為事實所迫，
開始向信眾弘法；學院氣息濃厚的他，不善於說故事講
笑話，通俗弘法實在不是他所擅長的。佛教的國際活動，
在旁人看來是榮耀，甚至搶了他人光采，但他也祇是勉
強配合，並無意願。

　　教界的忌刻一直不斷：他出國弘法歸來，信徒自發
性的接機被強力制止。他籌建慧日講堂，莫名其妙招來
流言蜚語。他是浙江人，而「蘇北人大團結」的口號，
隱隱衝著他來還不說，甚至還意圖打動他身邊的人

── 如演培法師 。他感到善導寺一直暗潮洶湧，但卻仁厚到不願講明理由而傷害別人，反而藉「因新竹福嚴精舍及女眾佛學院，需經常指導修學，以致教務寺務，兩難兼顧」為理由，辭卸善導寺住持，卻依然被譏刺。他一直受到有關單位的調查，據說調查他的案卷已經堆積得不少了 ── 好在他向來不喜活動，祇一味安心地探求佛法；憑了這無視於世間現實的性格，才得以在政局的動盪中，安然渡過一切風浪。他是以全體佛教為本的，這和李子寬忠黨甚於愛教，以及善導寺絕對優位的觀念，大有差距，為此他也在好心幫助子老維持善導寺時，多少受到困擾。他對大環境中，重權術甚於為法的風氣，不無所感。

另一方面，體質原本衰弱的他，也在四十三年底的Ｘ光檢查中，知道原有中型肺結核，已病得很久，所以大部分已經鈣化了，連氣管也因而彎曲了。在他回憶起來，三十年他在漢院原有過虛脫昏迷一個多小時的經驗，其後，三十年秋在重慶南岸的慈雲寺，三十五年夏在開封鐵塔寺旅次，也都有過短暫昏迷的現象，但他祇把這看做是虛弱，或是飲食不慎而導致消化不了，而不把它當作是病；日常他祇是疲憊不堪，沒有咳嗽、吐血或下午潮熱的病徵。不過也好在他不承認有病；倘若籠罩在病的陰影下，一來抗戰期間還沒有特效藥，二來他也沒錢就醫，那他反而會拖不下去了。不去睬它，而自得於聞思佛法而來的法喜之中，這應是支持他生存下去的力

量。

四十四年發病，他在重慶南路賃屋靜養，足足躺了半年。但他那時應是病輕累重，因為肺部大致已鈣化了，胃腸檢查也沒病，祇是機能衰退。經過適當調養之後，他連體重都略有增加，自認為從四十六年以來，比出家以來的哪一年都要健康得多，祇是身心逐漸衰老而已。

處處為學眾設想

儘管風波不斷，病緣不休，但這都不足以在根本上動搖他為法的決心。他為了讓有心向學的僧眾得有如法清淨的學團，所以福嚴精舍的建築計畫，不因他的不得返港而稍輟，祇是將精舍改建在臺灣而已。雖然處處為學眾設想，但臺北或海外的事緣多、法緣廣，加上他意在為學眾謀道糧的悲心，所以一直到四十六年才離開善導寺，回到福嚴精舍，結束了臺北新竹兩地跋涉，兩處兼顧的辛勞生活，而專力於女眾院的僧教育。四十八年，以海外弘法事多，推續明法師為住持；旋又以慧日講堂的建築與維持，使他不得不長年居住臺北。講堂建築經費半數是從馬尼拉籌來的，這當然還是得力於早年的追隨者妙欽、廣範法師的熱心推動。

至於慧日講堂的建築動機：

一、有鑑於「應赴經懺、賣素齋、供祿位或蓮位」的傳統寺院經濟後遺症太多，他試圖創一「以講經弘法

爲目的」的講堂，看看是否可以維持下去。

二、讓福嚴精舍學眾有對外宣揚佛法的實習機會。

三、爲福嚴精舍的經費來源著想：精舍經濟一向依賴海外及臺北；海外不可能持久，臺北的善導寺雖由演培法師任住持，但印公意會到問題終究會到來，與臺北信眾的聯繫，勢將缺乏適當地點，所以考慮創建講堂。

後二點理由，顯然是以福嚴精舍學眾的需要作爲考量的。我們也可以說：無論人是在臺北或是在海外，是弘法或是建築，印公一直是念念以僧教育，亦即學眾的栽培爲重的。

但縱使是這樣爲學眾環境的建設與維持而努力，他還是自認爲沒有盡力。除了前述病緣、事緣之外，主要是：像從前那樣熱心地與同學共同論究，是因爲有幾位於佛學有些基礎，能夠理會他說的有些什麼特色；這樣引起了大家爲法的熱心。在臺灣，有的年紀大了，有了自己的傾向；有的學力不足，聽了也沒有反應；有的因爲他的障礙多，不敢來共住。這樣，他雖也多少講說，卻提不起過往說法的熱心了！學佛法的僧青年難得，舊有的幾位學眾，也有了各自的因緣：有的另創道場，有的遠赴海外。精舍的人，也漸漸地少了。

孤獨中的法喜

在關中，聖嚴法師（1930-）來訪，說：

「老法師似乎很孤獨。」

孤獨，不是因為周遭的學友散去了，而是感到自己對佛法的講與寫，「說了等於不說」。因為，有這種程度去理解他所說的特色的人，已經不多了。所以，沒有人注意，沒有人喜悅，也沒有人痛恨（痛恨的，保持在口頭傳說中）。

聖嚴法師又問道：

「〈掩關遙寄諸方〉中說：『時難懷親依，折翮歎羅什』，是慨歎演培、仁俊的離去❶嗎？」

「不是的，那是舉真諦（親依）及鳩摩羅什，以慨傷為時代與環境所局限罷了。」

兩位六朝時代的大譯經家，都有過不逢時而無法全力發揮才具之歎；印公舉古人以喻其心境，而在自傳中感慨道：

---

❶　五十年底，在福嚴精舍舉行一次會議，議決：自五十三年春，精舍由仁俊法師主持，講堂由演培法師主持。這原是仁俊法師自動發心，但五十二年間，他卻另行於臺北縣新店山坡上興建同淨蘭若，而無法履行諾言。演培法師則因講堂護法曾慧泰對他有意見，又覺得臺北的大環境不適合他，卒留在新加坡發展弘法事業。事見《平凡的一生》（增訂版，頁一五〇～一五一）。

「我想，如現在而是大陸過去那樣，有幾所重視佛學的佛學院，多有幾位具有爲法眞誠的青年，我對佛法也許還有點裨益。雖然現在也有稱歎我的，但我與現代的中國佛教距離越來越遠了。有的說我是三論宗，有的尊稱我爲論師，有的指我是學者，讓人去稱呼罷！……我逐漸的認識自己，認識自己所處的時代與環境。不可思議的因緣，啓發了我，我在內修與外弘的矛盾中警覺過來，也就從孤獨感中超脫出來。所以說：『古今事本同，何用心於悒！』」❷

於是，他移住妙雲蘭若，恢復了純內修的生活──但那不再是學團中的集體共修，而是個人的自修。他不是不知道：要領著學團共修，對佛教比較有大裨益；但學團的現況，讓他也徹底失望了。一生「不強人以從己」的他，不忍責備任何學友，祇訴諸「因緣」，再不，就歸咎於自己的「平凡，福緣不足，又缺少祖師精神」❸。

他在自傳中述及「學友星散」時，仍是說：

「我並不以團結更多人在身邊爲光榮，而祇覺得：與我共住過一個時期的，如出去而能有所立──自修，弘法，興福，那就好了！」❹

---

❷ 印順法師：《平凡的一生》（增訂版，頁一二一～一二二）。

❸ 印順法師：《平凡的一生》（增訂版，頁一二二）。

在獨處的漫長生涯中：

「我偶然也寫一些，又把它印出來。但沒有想到有
沒有人讀，讀了有沒有反應。我沉浸於佛菩薩的正法光
明中，寫一些，正如學生向老師背誦或覆講一樣。在這
樣的生活中，我沒有孤獨，充滿了法喜。」❺

人間佛教的播種者

他卻沒有料到：他寫下來的這些法寶，已不但是讓
他自己充滿法喜，也透過印刷發行，而無遠弗屆地讓讀
者們分享了這些法喜。甚且，他雖自覺「與現代的中國
佛教距離越來越遠了」，慨稱自己是「冰雪大地撒種的癡
漢」❻，但畢竟已撒下了希望的種子，冬天終究是會過去
的。若干年後，有較好受學環境的新生代佛弟子，就是
透過他的著作而私淑艾於他的思想，繼他而在華人佛教
圈的各個角落，培植下「人間佛教」理想的秧苗。更有
一心深研佛法的青年(作者即是其一)，因為他著作的指
引，而省卻了許多迂迴摸索的工夫。晚年以後，對多方

---

❹　印順法師：《平凡的一生》（增訂版，頁一四五）。

❺　印順法師：《平凡的一生》（增訂版，頁一二二）。

❻　印順法師：〈冰雪大地撒種的癡漢〉，《當代》，第三十期，七
十七年十月出刊。

殷勤求法的青年，他已無體力直接授學了。有時他也會幽默地告訴作者：

「在我還有力氣講的時候，沒有這些因緣；待到聞法者的因緣具足，輪到我已沒有了講的力氣！」

當然，播種，是不會毫無收成的；從孤獨中超脫出來，遠離中國佛教的他，也許沒想到：這樣的選擇，更有深遠廣泛的影響力，把法喜長留在苦難的人間！

十六・卅年靜居歲月

大學任教

從五十三年以後，一直到八十三年作者撰寫本書的今天，印公除了階段性的短期講說、短期出國，以及些少主持開光或參加戒會的教內活動之外，再也不負擔道場或學團的行政責任。從妙雲蘭若、報恩小築到華雨精舍，他都維持靜居自修爲主的生活型態，祇有六十年秋末的大病，病後一直衰弱下去，不能恢復，也就不能思考，這使他四年多停止了佛法的進修。三十年來，去新加坡四次；便中去菲律賓一次，馬來西亞兩次，香港一次，美國一次，先後也約近一年。第一次去星、馬、香港，還是遊化，病後出國的幾次，祇能說是趁機會調劑一下身心。

五十三年掩關。

五十四年三月八日，日僧藤吉慈海教授，由竹山的達超法師等陪同來訪，印公與他論淨土教義。其後，藤吉教授於日本「印度學佛教學」大會上，介紹印公的《淨土新論》。

這年春天，張澄基博士（1920-1988）來關中相訪，代中國文化學院（今中國文化大學）帶來聘書，請任大學部哲學系教授。五月十五日，掩關一年期滿，應中國文化學院之聘，於是在這一天出關。

六月，應臺中慈明寺請，講《大樹緊那羅王所問經》的偈頌，後由楊梓茗筆記，遲至十年以後（六十四年五月間）才由印公校正，印行成冊。

九月，應朴子鎮高明寺請，講《佛說阿彌陀經》。

十月起，住慧日講堂，在中國文化學院授「佛學概論」與「般若學」，凡一年。

十一月五日至十日，出席中國佛教華僧大會，任主席團主席。其間新加坡來會之林達堅居士等求剃，遂假平光寺舉行落髮儀式，出家者七人，旋即去大湖法雲寺受戒。

五十五年三月，黃陳宏德所建報恩小築落成，禮請印公長期卓錫。

四月三十日，遊學印度的老學友續明法師圓寂於印度加爾各答醫院，印公撰悼文。

六月，《海潮音》由樂觀法師任發行人兼主編，印公才如釋重負。

秋，賢頓法師（1903-1986）偕白聖法師，請印公任臨濟寺戒會尊證。那天印公正在感冒發燒，以為這是會好的，答應無妨。不料未久就去拔牙，一次又一次去，每次都滲血四、五天，飲食不便，疲累不堪。不得已，

又由印海法師代表。兩次都沒能親自參加臨濟寺戒會，這祇能說是因緣不湊巧吧！

贊助菩提醫院

冬(農曆十一月初一)，臺中菩提醫院前的太虛大師紀念館落成，印公受邀抱病（牙疾）前往剪綵。先前印公還爲紀念館撰碑記〈太虛大師傳略〉。

這裡有一段原委：印公一向認爲，佛教的在家弟子，應以佛教的立場，從事文化、慈善、社會福利事業，這不但契合佛教的菩薩精神，也能取得社會大眾的好感，有利於佛教的流行。所以在家居士而能從事佛教的文化與慈善事業，不論他對印公私人如何，印公都表示由衷的讚歎！臺中李炳南老居士（1889-1986）領導的蓮社，是淨土宗的服膺者，與印公有思想的距離，所以在《佛法概論》事件的動盪中，一度傳說臺中有人燒燬他的《淨土新論》。但印公也不以爲忤，祇認爲這是重信仰的宗教界的一般現象。

民國五十三年，印公辭去慧日講堂住持，要去嘉義掩關時，聽說李炳老領導蓮社同人，發起建立菩提醫院。在那時，這是佛教界難得聽到的好消息！他與演培、續明法師商洽，決定以臺幣五十萬元，樂助菩提醫院建院費用。五十萬元在當時，是一筆相當大的數目。本來，他們祇希望，在某間病房中，紀念性稱爲「太虛室」。但李炳老建議：在醫院旁建一座「太虛大師紀念館」；上層

五十三年，臺中菩提醫院「太虛紀念館」落成

供佛及太虛大師的影像、傳略，可引導病患及其關係人學佛；下層供醫院使用。這種彼此思想見地不同，卻能蠲棄異見的隔閡，贊助善舉的器度，也顯示出印公的大德風範。作者在佛教界看到許多人，不問事之本身值得投入與否，祇斤斤計較主事者是否他所看得順眼，來決定自己是否投入。印公對菩提醫院的贊助，可說是當今佛教界一個很好的示範。

五十六年三月，當選中佛會第六屆理事。

四月二十六日，福嚴精舍福慧塔落成，續明法師靈骨入塔，清念上人靈骨亦於是日移入新塔。

是年慧日講堂與法藏寺合辦太虛佛學院，聘印公為導師。

冬，臺中慈明寺傳三壇大戒，禮請印公為得戒和尚。

臨危不亂

年底，印公往榮民總醫院作體格檢查，車抵天母時，因前面大卡車忽然倒退，撞到座車，車頭及前面玻璃全毀，印公卻仍端坐不動，由此可見他一向無視於死亡的恐懼，是深徹生死智慧所產生的定力。

這年中華學術院成立，聘印公為該院哲士。這是前教育部長所創，院址在陽明山，仿外國學術機構授予學位的成例，於學術院置哲士六十七人，議士六十九人，以審議學位的授予。網羅國內外的學術權威擔任。所以印公之受聘，實為佛教生色不少。

五十七年七月三日起，在慧日講堂講「佛法與唯識」七天。

十二月二十九日，應新加坡新建完成的般若講堂住持演培法師之請赴星洲，前往主持翌年一月十二日的講堂開光典禮，超塵、常覺二法師同行。

五十八年一、二月間，除拜會諸長老之外，應新加坡佛教總會之請，二月二十八日起，在維多利亞大會堂，講〈佛法是救世之仁〉。聽眾達千人，由印公弟子慧理法師筆記，這一篇與後來（四月間）在香港所講，慧輪居士所記的，綜合為一長文。

三月十七日赴馬來西亞，先後到檳城、怡保、金馬崙、吉隆坡、麻六甲、麻坡，四月四日再由麻坡返回新加坡。在大馬弘法三週，廣結法緣，受到熱烈歡迎與隆

五十八年一月十二日，新加坡般若講堂開光典禮

重招待。

　　在新加坡時，廣義法師提議，願為他發起籌措出版費用；印公師弟印實法師也要為他舉辦法會，以法會所得為出版費用，但都為他所辭謝。

　　四月二十日下午，由新加坡往香港，應港方佛教界邀約，在港弘法二週。

　　五月十三日由港返臺。這次出國，歷時約半年左右。

　　十九日，中印緬文化經濟協會，以印公為該會監事，故假立法院會議室舉行茶會，以示歡迎回國，並請印公演講出國弘化的觀感。

　　九月十五日，印公離去住了三年半的報恩小築，重返妙雲蘭若安住。

開辦福嚴佛學院

這年秋天，新竹福嚴精舍和臺北慧日講堂，在常覺、印海二位法師主持合作下，在福嚴精舍增建了大講堂與學生宿舍，開辦女眾的福嚴佛學院。

是年，任基隆海會寺戒會尊證。

五十九年春，農曆元旦，為基隆中正公園新塑觀音大士像開光。

二月一日，應臺北聖觀寺盛雲法師之請，為該寺新塑觀音像升座開光。

農曆三月初，應嘉義天龍寺心一法師禮請，傳授在家五戒及菩薩戒。戒會期間，並主持大殿重修落成典禮。

春，嘉義監獄第二次請印公說法。

冬，為臺中慈明寺新建之圓通寶殿菩薩像開光說法。

看得出來，他似乎還是因為慈悲而溫和的個性，不忍拒絕許多主持儀式的邀請。

六十年春季以來，身體就感到異樣的不舒服，以為這可能是業緣將盡，遂寫自傳〈平凡的一生〉，時年六十六歲。

六月二十日，福嚴佛學院舉行畢業典禮，印公致訓詞。學生畢業後，也就停辦，恢復為男眾道場。精舍房屋多而住眾少，未能物盡其用，未免可惜！

學院停辦後，正好美國佛教會沈家楨（1913-）向新竹的許巍文提出擬成立駐臺譯經院，將華譯藏經英譯，

以將妙法介紹歐美人士的計畫，由此進行覓地建築等工作。印公聽到這一消息，覺得是一大好事，遂於徵得福嚴精舍住持性梵法師的同意後，向許巍文等提議：覓地、建築，曠時費日，不如由福嚴精舍無條件撥借部分房屋，先進行譯經工作。待譯經順利進行時，再覓地作為譯經院永久院址，也還不遲。譯經院就這樣在六十年秋季成立了。院長沈家楨居士在美；在臺業務，由兩位副院長顧世淦（1917-）與戈本捷推動；顧主譯務，戈主事務。參加翻譯的有四、五位，現在譯介世界佛學著作的許洋主居士，就是那時加入翻譯工作，有感於佛理的偉大，而成為三寶弟子的。當時他們著手翻譯的是《大寶積經》。

生死攸關

　　農曆八月間，在妙雲蘭若，某日中午，休息以後，照例起來泡茶，但走不了幾步，站不穩而跌仆，這是血壓過低的緣故。雖未受傷，卻出了一身冷汗，身體也越來越虛弱了。臺北諸弟子來探望，並請他來北就醫，印公婉辭，說等天氣涼爽再說。

　　十一月二日，在高雄楠梓慈雲寺為佛像開光。前一天來高雄，腹部即感不適。次日勉強主持開光。三日北上新竹，擬應壹同寺菩薩戒會之約，但自覺病情轉劇，先請醫師診治。醫生問他：

　　「你住在那裡？」

「嘉義。」

「那還來得及，趕快回去！」

　　印公了解：這句話是指他病重得快要往生了。侍者明聖師父著急了，連忙通知幾位印公的學生信徒，遂決定晚間臨時到臺北，住入宏恩醫院。四日，經主治大夫診斷，係小腸栓塞症──小腸栓塞，所以上下不通：上不能進飲食，下不能排便。印公預立遺囑後，於九時開刀手術。手術後十三天，其他一切正常，可是腹部不排氣，可見得還是上下不通。醫師建議非再動手術不可，但六十六歲的印公已不願意再拖老朽之身，勉強住世了。因為他知道：即使再開刀而病癒，但也元氣大傷，或許不能再弘法，為三寶服務了。他不願意自己半生不死的活下去，浪耗信施。於是告訴勸說者：

　　「我對世間，已無留戀，你們不要勉強於我。」

　　十七日，道源法師（1900-1988）聞訊，專往醫院，苦勸印公為法珍重，宜從醫囑。印公情難辭卻，於是允予再度手術。四天後，通氣，手術確告成功。總算把印公從死亡線上拉了回來。住院三十八天出院，進院時體重五十二公斤的他，出院就祇剩四十六公斤了。這段生病住院時間，學友門生紛紛從國外回來探視印公，教界大老與善信也前來致意。尤其是道源法師的苦勸，使他

又勉強同意爲佛教住世下來，也繼續寫了幾部重要的著作。他個人雖喟稱是「經不起說好話的人」，但有幸接觸他個人，接受他的教導，或閱讀他的著作的新生代佛弟子，在感謝他之餘，也得感謝道源長老才是。

病中，印海法師告知：日本牛場眞玄先生來信，請譯印公去年著作《中國禪宗史》爲日文。印公允其所請。原來，印公的《中國禪宗史》在日本已受到學界的重視。大正大學退休教授牛場眞玄先生，對印公著作極爲推重，曾爲《中觀今論》等書，作過全書或單章等的許多翻譯，向日本佛教學界介紹。他看到《中國禪宗史》後，立即向舊日同事關口眞大先生討論，並自發心擔任翻譯工作。

十二月十日，印公出院回慧日講堂，四衆弟子早已

六十年十二月十日，大病過後出院，返慧日講堂時，與歡迎衆等合攝

齊集恭迎，講堂鳴鐘撞鼓，共慶印公安康歸來。

大病過後，還有很嚴重的後遺症。一、住院期間，長期的整天注射，手臂露在外面，沒有按摩保暖，所以右手患有嚴重的風濕性關節炎。後經土方治療，一年多後才完全痊癒，祇是右肩變得比左肩高些。二、腸部的手術，引起不正常排便的後遺症，藥石罔效。至六十一年八月，身高一七六・五公分的印公，體重竟然祇賸四十二公斤。

六十一年一月，印公當選中佛會第七屆常務監事。

第一位華人博士比丘

六十一年七月二十九日，印公接獲牛場眞玄先生來信，讚歎《中國禪宗史》，勸印公以日譯本向大正大學申請博士學位，聖嚴法師與吳老擇居士也從日本來函勸請。印公有感於牛場先生將他二十年來的成就自動推介給日本佛教學界，又以這麼大年紀，在三個半月內，譯成一千多頁稿紙，費時費力，覺得盛情可感，為了不使他失望，遂同意其要求，寄了一些資料（經歷及著述）去日本。其實在他內心，對於這項虛名，是沒什麼興趣的。

養病之中，舊曆七八月間，病情又轉惡化。除了排便不正常而日益消瘦之外，還有盜汗的毛病。黏汗怎麼也拭不乾，雖無痛苦，但越來越虛弱無力，搖搖欲倒，直覺到了死亡邊緣。幸得業餘名醫張禮文居士治以扶陽之劑，才轉危為安。此後印公長期服用張居士所開的膏

方，以迄於今。

六十二年，六十八歲，一月二十四日，印公病情轉好了，但體重仍未增加，承美國佛教會沈家楨居士之請，由美國佛教會駐臺譯經院副院長顧世淦陪同，搭機經日本東京飛美靜養。

途經日本，休息兩日，於下榻旅社晤聖嚴法師等。這時學位事已水到渠成，但中日邦交已斷，所以印公對申請學位一事，表示缺乏興趣。他甚至還說：

「我是前清出生的人，經歷兩朝，至死也願做中華民國的人，如果日本文部省在學位文憑上寫成僅僅是中國國籍，我是不會接受的。」

抵美國紐約市，參禮各寺院後，即移住長島菩提精舍靜養，由日常法師隨侍左右。由於山居清幽安靜，空氣清新，所以住了半年，體重增加到四十六公斤。沈家楨勸請印公長住紐約，並為他辦理綠卡。在紐約作健康檢查，知道四十多年的宿疾肺結核竟然痊癒了，可說是難得的喜訊！住了半年，由日常法師陪同返臺。

回來不久，與印公法緣甚深的李子寬去世了。

五月間，日本大正大學函邀印公赴東京面試。印公以無意取得博士學位，遂函復，告以健康惡化，恐無法成行。六月二十日，大正大學關口真大博士，提請授予印公文學博士案通過。後由校長福景康順博士致詞，時

六十二年一月底，至美國靜養，於抵紐約機場時攝

在大正大學修博士學位的聖嚴法師代表接受文憑，印公弟子吳老擇居士代致謝辭。這位受到日本學界推崇的法師，遂以未赴日留學，未參加面試的特例，成為中國第一位博士比丘。

吹皺一池春水

須知，日本佛教學界自負甚深，對近代中國佛教的佛學研究，原是不放在眼裡的，但他們卻也有在眞理實力前坦然低頭的學術精神，所以看到印公的著作，不能不表佩服。反觀後來一些臺港學者，留學歐美日本後，回國聲聲句句「臺灣沒有合格的佛教學研究者」，隱貶印公不通經典語文，不夠資格，甚至誣指印公著作「抄襲

日人作品」，而無視於其許多見解發前人之所未見，無有抄襲的可能。睥睨天下之餘，自己也交不出有水準的研究成績。相形之下，心胸心術之高下立見。這呈現的究竟是兩國學者不同的風格，抑或是兩國人民不同的民族性呢？印公以中國情，在日本學者主動為他申請學位時，在意的是國格的尊嚴。然而即使是這樣被動的接受學位，他依然受到困擾。一方面是教界竟然還有人撰文於十月號的《海潮音》，如署名了了的法師來函，說什麼獲得學位是「有傷清譽」，陳榮華則謂「傷失大中華民國之國格，且有害於印老之僧格」。這些指責，如今看來，真是令人啼笑皆非！教界人士當然為印公打抱不平，紛紛撰文指責，印公本人反而泰然，致函主編樂觀法師，自動辭去《海潮音》社長的名義。

印公得學位的消息傳來之後，他一下子成了臺北新聞界的焦點，訪客絡繹。在別人看來不免羨慕其風光，但他卻不勝其擾。見人多，說話多，體重又滑落到四十二公斤。不得已，遂於十月底忽隱居臺中南屯路靜室，祇有二、三人知其行蹤。這時他已六十八歲了，不見人，不說話，身體才又轉穩定。閒居廣閱史籍，而有後來民族神話方面意外的寫作，一年餘脫稿，身體也開始好轉，體重增加到五十公斤了。

十一月十六日，印公當選中佛會第八屆監事。

探視妙欽法師

六十四年，印公七秩嵩壽。弟子輩爲表崇敬，集議慶祝方式多項，都未蒙印公允可。他僅允以印行《妙雲選集》方式，選十二篇文章，集成一冊，廣爲印送，與大衆結法緣。

四月十五日起，於報恩小築傳在家五戒及菩薩戒，爲期七日。這是小規模的戒會，人數不多（四十八人），但戒會清淨莊嚴，與一般的兼事經懺，廣招供養的風格不同。

大體而言，六十四年以後，可說是印公老健的時代，體重一度增加到五十八公斤（當然，離標準還差得遠）。

六十五年二月二十六日，乘機抵菲律賓的馬尼拉，探視妙欽法師病。欽公多年來主持能仁學校，積勞成疾，不幸罹患肝硬化，終成絕症。印公去年秋季知情，還代爲請張禮文醫師依口述病情開藥寄去，年初病情更重，印公想起當年他對自己的了解與支持，懷念不已，這才主動（不同於以往的受邀）出國。留菲半月，每天都往醫院探問。別來十五年，倍覺親切，相對默然，偶爾閒話佛門家常，百感交集。知道他心繫校務，所以約瑞今長老同勸董雲卿出來負責校務，妙欽法師這才放下了校務的繫念。三月十一日到醫院向他告別，明知他已走到生命的盡頭，卻仍依一般寬慰語，勸他爲法珍重。離開醫院時，內心不勝悵惘。十二日離菲往星洲，十三日，妙欽法師就去世了。四月十五日，印公撰〈我所不能忘懷的人〉，對這位相隨聞法已有三十六年，在經濟上持續

支持，在思想上又最爲相契的學友，深表哀思。在星洲靜居二月，五月十五日返臺。

十二月十五日至高雄，翌日抵佛光山參觀瞻禮，略爲學生開示。

六十六年九月赴星洲，二十一日抵馬來西亞。二十二日上金馬崙，參加金馬崙三寶寺傳戒大會，任說戒和

四十七年於菲弘法時攝，印公左前方翻譯閩南語者即妙欽法師

尚。羯磨與教授，由竺摩、演培二法師擔任。十月十九日，還星洲，住般若講堂。三十日，應佛教居士林請，為眾說法。講畢，喉瘖無聲。應是久病元氣大傷，不復能為眾說法。

在星洲，他鼓勵演培法師集多年作品成集，是為《諦觀全集》；他並為撰〈《諦觀全集》序〉。這部全集，還是由《妙雲集》原班人馬校對，並由正聞出版社印行。演公蘇北高郵人，與印公共住最久，代印公維持善導寺與福嚴精舍的法務，幫助也最多。離開臺灣後，長期定居新加坡；至今仍住新加坡福慧講堂，定期講法。

住錫華雨精舍

六十七年夏初，美國佛教會駐臺譯經院自福嚴精舍移往北投農禪寺。精舍遂決定恢復福嚴佛學院的女眾僧教育，秋季開學，由眞華法師任院長，副院長是能淨法師。此後，一直迄今，副院長雖數易其人，而學院卻算是在種種人事艱難之中持續下來了。

至於譯經院，六十六年，顧世淦辭副院長職，由張澄基繼任，並將四十九部大乘經組成的《大寶積經》，選其中適合西方人士的二十八部，未翻者翻，已翻者校定，大家繼續譯業。沒想到翌年忽然決定遷址農禪寺；又過不久，就停辦了，歷時七年。這是繼菩提醫院後，第二個印公贊助而未見其成功的居士事業。

這些年多住臺中市，房屋是昔年刊印《妙雲集》時

校對人員所住的，地方狹隘而喧鬧。八月十四日，移住臺中縣太平鄉獨棟房屋，題名「華雨精舍」，空間才較為寬大。這以後，他定居於此，極少外出。

十一月十日至十二月六日，松山寺傳三壇大戒，應住持靈根法師之請，印公允任得戒和尚。原來松山寺是道安法師（1907-1977）創建的臺北名剎，而道安法師也是臺北諸多大陸來臺法師之中，最為衷心讚歎印公的一位。道老於六十六年農曆臘月初圓寂，生前曾發願弘傳三壇大戒，印公體力不足而勉為應允，實為滿道老遺願，兼報知遇之恩。

六十九年七月，《初期大乘佛教之起源與開展》脫稿，心情大感輕鬆。九月以後，又有一次星洲之旅。這次是應老徒弟慧平法師之請，為她所重建的自度庵主持落成開光典禮。十九日出發，二十三日開光，十月六日返臺。從這以後，他就再也沒有出國了。

七十年二月，皈依弟子鄭壽彭居士撰《印順導師學譜》，由天華出版社出版，以編年體記印公生平大事及著作，記至七十五歲。

七十五年冬，身體又感到不適，到南投市山上的永光別苑靜居。由於山居寧靜，空氣又好，所以後來時常來住；特別是暑熱時分，山上氣候較涼，比在華雨精舍適合他的身體狀況。不過身體又越來越差了，下午說話的聲音，越來越低沉，多說幾句，氣就會上逆而咳嗽。

腦部手術

七十九年底，他常患頭痛，但不知有病。八十年初，臘月初八的第二天，早起時他坐在床上，搖搖晃晃地倒了下去。再坐再倒。賴侍者明聖師父扶持，才起身到經室中坐。明聖師父原預定十二日去花蓮慈濟醫院檢查身體，機票也買了，見他情形異常，遂取消花蓮之行，雇車送他至大甲蔡博雄醫師處。兩天後，轉沙鹿光田醫院，經掃描發現左腦部有瘀血，須要趕快開刀，遂轉去臺北臺大醫院。由曾漢民大夫率車南下沙鹿接他，連夜兼程趕到臺大，翌晨立刻推入手術房；手術順利完成後，進入加護病房；再從加護病房轉到一般病房。這幾天的情形，他完全失去記憶；五六天後，他才完全清明過來。到八十年的元宵節出院，共住了三十一天。腦部有瘀血，可能是跌跤碰撞而引起的，若非迅速處理，嚴重下去，會發生半身不遂，不能言語，類似中風的病狀。這次過程，可說是非常驚險的。

還記得出院那天，一大早，性廣法師向學生借凱迪拉克的好車，發心送印公回大甲，作者也陪同護送。清晨七時出發，車到湖口休息站，大家要去盥洗室，祇有侍者禪悟師不下車。不料她看到明聖師父牽扶印公從盥洗室出來，竟然立刻下車關上車門，迎向印公。這一來，車門竟然自動上鎖，性廣法師既已交代禪悟師不要下車，也就沒想到從駕駛座取下鑰匙。祇好臨時電話通知學生

慈宏夫婦，從臺北立刻坐計程車趕送備份鑰匙過來。那天是星期六，時間已八點多，高速公路南下路段開始塞車，他們到來時，已十點半了。老人大病初癒，體力甚差，卻在休息站足足折騰了兩個小時才上路。他心平氣和，做弟子的我們卻爲他的身體狀況而惴惴不安。作者坐他旁邊閒話打發時間，偶而也牽他在附近步道走走。待重新上路時，路況已很壅塞，到永光寺已十一點半了。下午禪悟師問他要不要散步，老人連說：

「今天散步夠多了！」

此情此景，至今想來啼笑皆非。有時候，好心會成爲負擔！作者與性廣法師平時從不借用像凱迪拉克這種高級車輛，以免貽世人之譏嫌；這次卻例外借來，祇因爲印公導師大手術後身體更弱，作者想：好車開來平穩，座位寬大，又可平躺下來，所以要性廣借車並兼開車。「好心」借好車，卻讓老人吃足苦頭。同樣的，禪悟師也是「好心」，看到老人前來，立刻要過去攙扶，那料到這一念「好心」讓一行人嘗受到了閉門羹。設計車輛的人「好心」以自動上鎖裝置防竊車賊，卻不意這回讓車主與乘客受罪。……這祇是印公因旁人「好心」而受累的一例；日常生活中，由於大家崇敬大德，好心而帶給他的苦惱，不知凡幾！比如：老來的最大困擾，就是景慕而欲瞻仰他的人太多了，他住到那裡都躲不了。衰弱

的他，縱使是靜居，也是不得清閒的。

老來多病磨

回來靜養未久，他又患了至爲疼痛的帶狀性疱疹，拖了三個月才痊癒。

年歲漸漸大了，他越來越無法維持體力主持敎內的傳戒開光等活動，遂於七十年正式在佛敎刊物中刊登啓事，從此辭謝一切這類的活動。祇有一次的例外，那就是八十年十月中，新竹福嚴精舍由住持眞華法師重建完成，舉行落成開光典禮。是日，印公以及海外的演培、仁俊、妙峰、印海、唯慈等法師都回來參與盛會。旋在精舍舉行在家戒會七日，由印公與演培、眞華二法師分別擔任得戒、羯磨、敎授等三師和尙。這段期間，人客見多了，引起血壓升高，脈博增快的現象。

冬初，去屛東依道、慧潤二師建的法雲精舍小住，因鼻過敏而患了鼻炎。回到華雨精舍後，發生腰脊骨神經痛，起坐維艱，又在惠明醫院電療，八十一年夏天，長期使用永光寺眞智法師送的小型電療器，病才慢慢好了。冬初到花蓮靜思精舍，鼻炎又大發，右腮都腫了，憑了一日四次的消炎針，七天才算平復。到去（八十二）年春天，體重祇有四十九公斤了。

八十二年中秋前，從永光別院回華雨精舍，在下層肋骨左右連結處，偶爾有些痛，也沒注意它。九月二十二日起，這部位相當痛，痛到晚上無法入睡，還有發燒

民國八十年十月廿五日，福嚴精舍傳在家戒三師和尚合照於精舍前門（右：演培法師，左：眞華法師）

現象，經王輝明大夫的聯絡，進住臺中榮民總醫院，經診斷爲膽結石。由於他身體太衰弱，先住醫院調理，十四日才進行割膽手術，順便將大小腸調理一下。十月二十四日出院，再經休養，病是完全好了，但體重祇剩四十五公斤。眞是老來多病磨！

淡泊一生

終其一生，雖喜靜居以淡泊自處，但來臺以後迄今，恆順衆生的慈悲心，使他雖於五十三年宣告獨處自修，卻仍不得不隨喜一些非他性向所長的佛教界活動。就連爲了避壽，他也幾乎年年生日期間，要「突然失蹤」一段時日，好讓拜壽的人死了心。這又是「好心成負擔」的一例。體弱多病，當然也會影響到他的一生。不過這也有一個好處，他好歹也還減少了一些在教界交際應酬的麻煩。許多活動，他不到場，也不會顯得失禮。由於他是位非常客氣的人，若非體弱多病，他也很難開口拒絕人家的要求。體弱多病，在這方面還眞幫了他一點忙。

十七・留下不朽的篇章

文如其人

從閩院求法以來，對佛法的講與寫，可以說是印順法師生活的全部。講法，在獨處自修後就極少了，唯獨寫作，卻一直沒有間斷，思想更成熟了，寫作也更精密了。依學術規格註明出處或編索引，就是這以後的作品才有的。

他畢生的著作若疊起來，其部帙之龐大，已可用「等身」二字形容之。這些，有的是自己撰寫的，有的是聽講者筆錄的（但他也都細心修訂過），有的是列舉文證，說明大意而由人整理出來的。他的文品一如人品，溫煦敦厚。他曾說：

「受到讚歎，是對自己的一種同情的鼓勵；受到批評，是對自己的一種有益的鞭策；鼓勵、鞭策，一順一逆的增上緣，會激發自己的精進。」❶

---

❶ 印順法師：《教制教典與教學》〈序〉，頁二〇〇～二〇一。

所以受到批評，除善意商討外，是不大反駁的；糾纏不已的論諍，就更是沒有了。

經律中的史料

五十三年在嘉義關中，閱覽日譯《南傳大藏經》，由此識得南傳佛教經律論的大概；這部藏經，還是他四十一年赴日本開會時請回來的。他不會日文，但好在這套藏經的譯文極古，漢字很多，他憑著自己的佛法知識，加上與漢譯經律論的比對，所以也可了解個大概。在經律的比對閱讀中，他首先發現了在釋尊晚年，僧伽中有釋族比丘為領導中心的活動。這在種族平等論的釋尊，是不能同意他們的，所以這一運動失敗了。與釋族比丘有關的，如六群比丘等，也就多染上不如法的形象。在佛滅後的結集大會中，同是釋族的阿難也受到種種的責難。阿難在東方弘法；佛滅百年後的七百結集，正是東方比丘（廣義的釋族比丘）的抬頭。東方比丘是重「法」的；戒「律」方面，是重根本而小節隨宜的，不輕視女眾的。七百結集會上，東方受到西方比丘的抑制。東方的青年大眾比丘，日見發揚，不久就造成了東方大眾與西方上座的分派，也就是未來聲聞與大乘分化的遠源。這是初期佛教史的重要環節，所以印公寫出他在經律原典中所體會的佛教史問題，包括〈論提婆達多的破僧〉、〈阿難過在何處？〉以及〈佛陀的最後教誡〉。翌年又寫

了兩篇：〈王舍城結集的研究〉、〈論毗舍離城七百結集〉。

阿毗達磨研究

他有一個願心：希望繼續當年寫《印度之佛教》的方針——也就是說，將《印度之佛教》分章的各各主題，作更嚴密、更精確的敘述，而寫成學術性的專書。掩關以後，他就依這個計畫而著手進行。讀到南傳的《論藏》，覺得阿毗達磨的根本論題與最初論書，與昔年他在《印度之佛教》所推斷的，幾乎完全相合。於是，將四十年在香港對《西北印度之論典與論師》的部分寫作，擴充而改寫爲具學術論文規格的《說一切有部爲主的論書與論師之研究》。本書對部派佛教的發展譜系、（特別是說一切有系的）論書內容與特色、論師學風與主要論題，都有非常精詳的整理，是華文書籍中研究部派佛教的經典之作。張曼濤即稱本書：

「在爬梳與理清舊有的漢譯文獻來說，可斷言：已超過了國際上某些阿毗達磨學者。」❷

本書論定說一切有部，分爲兩大系：持經譬喻者代表有部古義；阿毗達磨者則以《發智論》爲根本論，經分別論究，不斷編集而成《大毗婆沙論》。阿毗達磨論義，

---

❷　印順法師：〈神會與壇經〉，《無諍之辯》，頁六〇。

後來居上，成為公認的有部正統。由於持經譬喻者在《大毗婆沙論》中受到評斥，所以放棄「一切（三世）有」論而改取「現在有」說，成為一時勃興的經部譬喻師。世親的《俱舍論》，組織是繼承《雜阿毗曇心論》的；法義方面，則贊同經部，而批評說一切有部；但有關修證，還是繼承說一切有部古義。雖然在這之前，印公也看過日人木村泰賢與福原亮嚴有關阿毗達磨的著作，但本書的所考所論，卻都經過自己的思考與體會。

本書長達四十五萬字，到五十六年秋才完稿；得黃陳宏德居士樂施，常覺法師校對，翌年六月出版，八月發表序文於《海刊》上。

五十六年十月《說一切有部為主的論書與論師之研究》脫稿

五十四年，因教內有提倡改穿南傳佛教式的一色黃，

以統一僧服的顏色，他不以為然，所以寫了〈僧衣染色的論究〉。

〈談入世與佛學〉

五十六年三月，為太虛大師上生二十週年，印公作〈略論虛大師的菩薩心行〉。

讀《海潮音》四月號——太虛大師上生二十週年紀念專號，有筆名「澹思」的張曼濤撰〈太虛大師在現代中國史上之地位及其價值〉，印公遂以「大師的精神，大師的思想學問」作一線索，表達一些自己對中國佛教及佛學研究的批評意見。他以為：中國所重的大乘，自稱是大乘中的最上乘，其實是小乘精神的復活，急求自了自證，所以有「說大乘教，修小乘行」的現象。大乘的入世精神，應如《維摩詰經》、《華嚴經》「入法界品」那樣，普入各階層，而不是以參加政治為典範。至於佛學研究，他以為佛弟子研究佛學，應該是為（自己所信仰的）佛法而研究。他認為離開信仰而純學問的研究，決非佛教之福。這篇不算短的文章，後來被印成單行本流通。其後，澹思又作了〈讀「談入世與佛學」後〉以反駁印公的觀點，印公就此不再回應。他那不願糾纏不休的文品，也就可見一斑。

五十七年住報恩小築，有感於佛學院出來的學僧很多慨歎「學無所用」，因此寫〈學以致用與學無止境〉以勉之。

這年，他爲《華岡佛學學報》撰〈波羅提木叉經集成的研究〉。

由於五十六年七月間，林語堂在《中央日報》副刊，以嘻笑怒罵的手筆，撰〈論「色即是空」〉，引起不少讀者反感；如臺北的《現代雜誌》，臺中的《菩提樹》以及菲律賓的《大中華日報》等，都著文批評。澹思有感於國內佛教人士過於緘默，遂撰〈談空即是色〉，反譏林語堂未扣題意，也發表於《中央日報》副刊。印公感到此一問題並不單純，遂於五十七年十一、十二月之《海潮音》發表〈色即是空，空即是色〉。

九月間，撰〈英譯《成唯識論》序〉。原來在五十六年秋，中華學術院召開華學會議，香港韋兼善教授來臺出席。謁印公於靜室，出所英譯《成唯識論》請序；印公有感於他爲學的精誠，因而欣然答應。他分析唯識學中，著重阿賴耶種子識的，發展成「一能變」說；著重攝持種子功能的阿賴耶現行識的，開展爲「三能變」說。這些，他在《攝大乘論講記》中都有過詳細的分析，在序文中祇是略述其要。玄奘所傳的護法系唯識學派，特重《瑜伽師地論》；而以護法義爲主軸的《成唯識論》「三能變」說，代表西元七世紀初，印度唯識學集大成的聖典。能將這本華文佛教所代表唯識正義的論書譯出，傳布西方，是殊勝功德——這也是他欣然撰序的原因。

原始佛教聖典研究

這一年，他也開始寫長達五十六萬字的《原始佛教聖典之集成》。本書費時兩年，五十八年底脫稿。六十年三月出版。

他參考了日本學者宇井伯壽、平川彰、前田惠學的部分作品，覺得自從西方學者重視巴利聖典以來，日本學者受到影響，所以也就不自覺的投入了「非研究巴利語，不足以理解原始佛教」的偏見。於是「走著自己的路」來作原始佛教的研究。這是何等自信的一種流露！

直到今天，佛教學術界依然說是：不懂巴利語，不足以研究原始佛教；不懂梵文、藏文，不足以研究中觀、唯識。但是在這些範圍內，不懂原典語文的印公所發表的論述，較諸學界其他同範圍的著作水準，也是不遑多讓，甚至見解卓然自成一家。相信他所走出來的路，會是不滿足於傳統研究，又不願接受語文條件約制的佛學研究者也可以走得下去的路。

他先處理有關結集的種種問題。在毗奈耶部分，確定先有摩得勒伽(本母)，然後次第組成犍度部。這是在漢譯律典的比對中得到的結論：在漢譯多部律典的比對中，他發現摩得勒伽是大眾系、分別說系、說一切有系的三大系所共傳的。而巴利藏中沒有「律」的本母，就不可能由此明瞭犍度部的組成史。而平川彰的《律藏之研究》，以巴利藏的「大犍度」為例，推定南傳律藏的「大犍度」是古形的，他不能同意這種依巴利藏而導出的看法，所以借助於漢譯，特地以「受戒犍度」為例，論到

犍度的古型與後起的部分。

關於法的集成，他的見解已經有了相當的調整，而不同於從前《印度之佛教》的解說。呂澂的〈《雜阿含經》刊定記〉，給了他最大的啓發。依《阿毗達磨大毗婆沙論》、《瑜伽師地論》、《根本說一切有部律》去了解《雜阿含經》，發現與巴利本《相應部》的一致性。原始結集的是精簡的散文，名爲「修多羅」。蘊、處、因緣、聖道，一類一類的分別集成，名爲「相應」；漢譯作「雜」。「修多羅」與「祇夜」是《雜阿含經》（巴利本《相應部》）的組織初型；其後又有「記說」——「弟子記說」與「如來記說」，都隨類而附於蘊、處、因緣、聖道之下。後來集成的經更多了，附在《雜阿含經》中而新集成的，分爲四部——《四阿含》。古代巴利佛教大師覺音，爲四部作注釋，名義恰好與龍樹所說的「四悉檀」（即四種宗趣）相合。由此而知《四阿含》的四種宗趣；又於《相應部》也有這四大宗趣——「修多羅」是「第一義悉檀」，「弟子記說」是「對治悉檀」，「如來記說」是「爲人生善悉檀」，「祇夜」是「世間悉檀」。四大宗趣，對於法義的抉擇——眞實或方便，應有權威的指導作用。由此他在全書末後，以此判論一切佛法——初期「佛法」是第一義悉檀；初期的「大乘佛法」，「爲離諸見故」，說一切空，是對治悉檀；後期的「大乘佛法」，明「自性淸淨心」，是爲人生善悉檀；末後的「秘密大乘佛法」，是世間悉檀。

《說一切有部爲主的論書與論師之研究》與《原始

佛教聖典之集成》,是他在大病之前完成的;表示了初期
「佛法」經律論成立史的意義。

　　五十八年在新加坡撰〈人心與道心別說〉,將儒門口
訣「人心唯危,道心唯微,唯精唯一,允執厥中」四句,
比對佛、道二家的看法,而做了不同於傳統的解說。這
年在星洲及香港的演講〈佛法是救世之仁〉,後來整理成
文章發表。

編《妙雲集》

　　由於年初的新加坡之旅,受到長老善信的護助,而
年底,《原始佛教聖典之集成》又已脫稿。於是這年冬天
開始,他將自己的作品,除《說一切有部為主的論書與
論師之研究》及後來出版的《原始佛教聖典之集成》與
《中國禪宗史》之外,集手頭可得的資料,編為整套文
集。分三編,二十四冊。上編七冊,類集經論講記,經
先論後,大致是照大乘三系的順序。中編是十萬字以上
而獨立成書的專書六冊──《佛法概論》、《中觀今論》、
《唯識學探源》、《性空學探源》、《成佛之道》、《太虛大
師年譜》。下編十一冊,收集短、中篇論著。負校對之責
的是慧潤、性瀅、依道三位尼師。在編印次序上,由於
上中二編容易編定,所以先從上編的《勝鬘經講記》開
始付印;下編直到六十年夏天才分類編妥。由於部帙龐
大,這套書歷時四年,至六十二年秋末,才全部以正聞
出版社名義出版(但直到七十年,才在臺北正式成立此

一出版社）。

《中國禪宗史》

五十九年，印公寫成《中國禪宗史──從印度禪到
中國禪》；六十年六月出版。

六十年春，發表〈東山法門的念佛禪〉與〈神會與
壇經〉。

他原不是研究禪宗的，寫作計畫中也沒有這一部分，
他自己也說：

「我不是達磨、曹溪兒孫，也素無揣摩公案，空談
玄理的興趣。」❸

但為什麼中斷了印度佛教史系列的寫作，而把注意
力移到禪宗呢？原來前年《中央日報》副刊曾有「《六祖
壇經》是否六祖慧能大師所說」的討論。最初錢穆發表
有關《壇經》思想的講稿，在日本的楊鴻飛對錢稿有所
批評，引胡適的觀點，認為《壇經》是神會（部分為神
會門下）所作，於是引起論諍，參加論戰者不少。印公
認為這是事實問題，離開史的考論，不從禪宗的發展史
去了解，是不能解決問題的。於是為此進行研究，《中國
禪宗史》和本文，就是他研究的成果。

---

❸ 印順法師：《平凡的一生》，增訂本，頁一六二。

他檢閱了一些古代的禪史。先觀察六祖門下的不同禪風，向上推求，知道四祖道信，是《楞伽經》與《文殊所說摩訶般若波羅蜜經》思想的合一，是戒與禪，念佛與成佛的合一。再向上推溯，有從前寫過的〈宋譯楞伽與達摩禪〉。再觀察六祖門下的發展，到達「凡言禪，皆本曹溪」。由於他曾學習三論宗，所以論證牛頭宗的「道本虛空」，「無心合道」，是與東山法門的「入道安心」相對抗的。這是江東固有的學統，從三論宗根本道場的攝山而茅山，而牛頭山；牛頭法融是「東夏之達摩」，在達摩禪勃興聲中，起來與它抗衡的。六祖門下而被視爲曹溪禪門正統的，有青原行思與南嶽懷讓傳出的法系。南嶽下多數是北方人，所以禪風粗強；青原下多是南方人，所以禪風溫和。而江東的牛頭禪，就是融合於青原之中的。至於有關《六祖壇經》的成立問題，他不贊同胡適所說，將《壇經》視作荷澤神會的思想，而將有關神會作品與《壇經》版本的演變問題，納入這擴大視野以後的禪宗發展史中認識、考證，得到的結論是：《壇經》是由「曹溪原本」添糅而成「南方宗旨」本，再增補而成「壇經傳宗」本。在《中國禪宗史》的寫作過程中，他就這樣附帶發表了〈東山法門的念佛禪〉與解答諍論的〈神會與壇經〉。

由於春季以來即深感身體不適，以爲似乎業緣已到了盡頭，有感於因緣不可思議，印公於是撰寫〈平凡的一生〉，略述家庭背景、性向、一生求學、學醫、教書、

出家、修學、弘法的因緣。這一長篇自傳，收集在《妙雲集》下編的《華雨香雲》之中。這一年，他六十六歲。寫完不久，也就大病了。他原以為衰病如此，行將離世，所以把它當作「最後的篇章」，沒想到二十三年後的今（八十三）年，八十九歲時，他又還有機會躬親增訂這本自傳，另行出版單冊（七月發行）。

六十二年十月，移住臺中市校對《妙雲集》的靜室，隱居養病。因《中國禪宗史》而得日本大正大學授予博士學位，引起《海潮音》的一再批評，所以辭去《海潮音》社長名義，並發表〈我為取得日本學位而要說的幾句話〉，發表於《菩提樹》雜誌。

意外之作

在臺中，由於大病過後，長期衰弱而不能思考，所以靜養之餘，他偶然以「消遣」心情翻閱《史記》，在其中發現一些「怪力亂神」的傳說，引起了興趣，於是逐漸擴大了閱覽的範圍，廣泛閱讀史籍，連甲骨文作品也看了一些。憑自己的宗教知識，注意到一些史家所不能領會其價值的神話史料。在探求古代神話，及與神話有關的問題時，理會到不同民族的文化根源、文化特色與民族動向，於是決定以西周實際存在的民族為骨肉，以各民族的本源神話為脈絡，以不同民族的文化為靈魂，而寫成約三十四萬字的《中國古代民族神話與文化之研究》。從民族神話中，推定中國的原住民族，是黃河兩岸

的越族；受到東北來的夷族，西（北）方來的羌族與氐（狄）族侵入融合而擴大。和平王國的文化，是「南方之強」。印公畢生專心佛法，唯此一部，多少注意到中國固有的文化。這與《中國禪宗史》同樣是意外之作。意外的寫作中，竟然意外的，身體也開始好轉，體重增加到五十公斤了。

本書寫作費時一年多，六十四年初夏，本書完稿，十月由華岡出版公司印行，印費自付。由於書中有不少的甲骨文等古老文字，要另行刻印，所以出版費用偏高——印公著作中收入不敷支出的，也唯此一部。七十九年元月以後，以正聞出版社名義再版流通。

六十四年五月間，將楊梓茗所整理的《緊那羅王經頌講記》校畢。

初期大乘研究

過了四年多的衰病生活，等到身體硬朗些，想到了自己逐年衰老，色身浮脆，如夕陽晚霞一般，昔年要將《印度之佛教》分成多部擴充編寫的理想，已不可能實現了。不敢再有遠大的計畫，祇能將佛教史上的重要問題——就是部派佛教發展演進而到大乘佛教的過程，以及大乘多樣性而趣入佛道的一貫理念——研考而敍述一下，希望以自己的探究所得，為佛教思想發展史的研究者，提供一些主要線索。於是，六十五年一月，檢讀舊作及資料，他開始計畫寫《初期大乘佛教之起源與開展》。

由於體力不足，病苦侵襲，事緣分神，所以時寫時輟；而論究的問題不少，資料又繁多，所以本書寫了五年，六十九年七月底始成書，時年七十五歲。全書約八十萬言。

他認為：「大乘佛法」的興起，決不是單純問題，也不是少數人的事，而是佛教發展中的共同傾向。主要的動力，是「佛涅槃後，佛弟子對佛的永恒懷念」。所以大乘法充滿了信仰與理想的特性；怎樣的念佛、見佛，是大乘經的特有內容。在佛教界，重信願的，重慈悲的，重智慧的，多方面流傳出來，都傾向於求成佛道，而又確信這些都是「佛說」。本書中對於「般若法門」、「淨土法門」、「文殊法門」、「華嚴法門」、「鬼國與龍宮的傳說」以及「《法華經》與《寶積經》」等，都立專章分別論究。對於與文殊有關的教典，提出「但依勝義」或貪瞋癡即是道（煩惱即菩提）的說法特別注意，認為天（神）在文殊法門的重要性，意味著「大乘佛法」已有適應印度教而天化、俗化的傾向。而夜叉（鬼）菩薩、龍王（畜牲）菩薩、緊那羅王菩薩的出現，亦即鬼國與龍宮的菩薩化，是大乘經的特色。不過這些鬼、畜天菩薩，在初期大乘經中，都表現為人的形象，所說的是一般大乘法，還沒有演進到表現為鬼、畜天的形象，以鬼、畜天的行為，作為人們歸敬與修學的模範。「大乘佛法」有了新的宗教特性，這一部分，他立「宗教意識之新適應」一章，在新出現的佛、菩薩與淨土外，還論到「神秘力護持的仰信」──如「音聲的神秘力」、「契經的神秘化」、「神

力加護」，這些都早就孕育於部派佛教 (更早的是「世間悉壇」的《長阿含經》)，到大乘時代而強化起來。對這些方便的適應，他的看法是：這不可能沒有，但若過分重視佛法的通俗化，方便與眞實不分，甚至偏重於方便，那方便就要轉化爲佛法的障礙了！這是他修學佛法以來，面對現實佛教，一向注目的問題——這也是他在垂老之年爲何把本書的寫作計畫列爲優先的原因——從佛教發展根源的印度去探究佛法的本質與演化，俾後人以古爲鑒，知所圖於將來。

當然，他始終是大乘的信仰者。大乘佛教的開展，是多方面的，天 (梵) 化祇是其中的一項。大乘開展中的天化，是爲了適應民間的印度教信仰，由微而著，不斷的擴展開來。所以他對大乘，不是否定，而祇是「抉擇而洗鍊之」，「刮垢磨光」。大乘佛教在「天化」方面的方便適應，末流甚至發展到神秘淫欲爲道，對純正的佛法——聲聞、菩薩的正常道，是嚴重的扭曲，所以他主張反天 (梵) 化，而回歸人間。

寫本書時，他曾參考日本學者平川彰、靜谷正雄有關初期大乘佛教方面的著作。他對平川彰的說法——「大乘佛教的出現與出家者無關，是出於不僧不俗的寺塔集團」，頗不以爲然，他認爲：從經律看來，這是想像而沒有根據的。依他從教典的記載來看：在印度的佛教史上，大乘佛法主要是從大衆部系的少壯比丘發揚起來的。此所以經中多有「出家未久」，「我年旣少」，「年少比丘」

之句；不但如此，善財是童子，文殊師利也是童子，所以他稱作「青年佛教」。而大乘佛法的弘傳，還是依龍樹等，從（還在流行發展中的）部派佛教僧團中出家而修學大乘的菩薩比丘，才能更廣大的延續下來。所以，不但大乘思想的起源，與出家眾有關，而且出家菩薩在大乘「天化」的趨勢中，還擔負了「抉擇而洗鍊之」的責任。但是到了印度佛教的後期，就不分出家在家，一齊修行即身成佛的「易行乘」；正常的菩薩道，祇是偶而說到而已——到此印度佛教的末路，也就近了！關於「大乘佛教的起源」，他在印度佛教史的觀點，是前後一致的。所以後來在臺灣有些排斥出家佛教的在家人，在斷章取義地利用他的文章強調「在家佛教主體性」時，民國八十一年，作者代為筆記〈初期大乘與在家佛教〉長文而發表之，陳述上列觀點。

「附帶產品」的兩書

為了寫作本書，進行閱讀與搜集資料的工作，附帶的搜集相關資料。六十九年秋完成本書後，就繼續寫出了兩部書：

1.《如來藏之研究》

由於如來藏與佛性，是後期大乘的主要問題，所以他寫《如來藏之研究》，本書重在真常論的早期思想，論述如來藏、我、佛性、自性清淨心的起源和早期的真常經典——如《如來藏經》、《大般涅槃經》初分。由於如

來藏有濃厚的「眞我」色彩，故不能爲正統佛教所容認；但卻適合世俗人心，所以容易爲一般人所接受。而正統佛教由於其已有通俗流行的事實，所以也祇能給以合理的解說：代表如來藏的主要論書《究竟一乘寶性論》已大大淨化了眞我的色彩；而《大般涅槃經》後分，則不再說如來藏，而以空或緣起來解說佛性；《楞伽經》說得最明白：如來藏說是爲「開引計我外道」而出現的，正確的應是依於「無我如來之藏」。瑜伽唯識學者，亦以「眞如無差別」來解說如來藏。唯識學派的眞諦三藏一系，則將瑜伽學融入如來藏說中，又將如來藏說附入所譯《攝大乘論》中，顯然有融會二系的企圖——但對這一部分，他還沒有在本書中多說。

本書於七十年四月脫稿，七月，對於牟宗三的《佛性與般若》引用他的意見而又不表同意，他寫了一篇辨正之作：〈論三諦三智與賴耶通眞妄——讀《佛性與般若》〉。

2.《空之探究》

他雖在《性空學探源》中，抽絲剝繭以論述諸部派對空和有的看法，但總覺得於空義的論究未臻完備；這回整理初期大乘資料，在閱讀《般若經》時，理會到「般若空」與「中觀空」之間的方便演化，於是索性向前探究一番，從《阿含》之空、部派之空、《般若》之空寫到龍樹之空，是爲《空之探究》。他早在三十六年講《中觀今論》時，就說過：龍樹的《中論》是以大乘學者的立

場，確認緣起、空、中道為佛法深義，遂抉發《阿含經》的緣起中道深義，而與般若空義相銜接。如今《空之探究》無疑是對該見解給予更確切的說明。本書寫作之前，他還著手進行其他編著(下詳)，所以是在七十三年十二月才完稿的。全書十八萬字。

《雜阿含經論會編》

七十年寫完後期大乘的《如來藏之研究》，他又把注意力放在原始佛教。原來呂澂的〈《雜阿含經》刊定記〉早已指出：《瑜伽師地論》「攝事分」，除了律的本母，就是《雜阿含經》的本母。但內容過於疏略。印公在《原始佛教聖典之集成》中，進一步將經與論明確地對比排列，但還小有錯誤(現已更正)。所以重新論定，斷言《雜阿含經》缺佚的兩卷，被以餘經編入湊數；並將次第倒亂的部分更正過來。至於「論」的部分，也有「有論而無經」的，經研考而知是出於《中阿含經》，也有屬於《長阿含經》的；因此論定為本來附編於《雜阿含經》，後來才編入《中》、《長》阿含之中。將《雜阿含經》的「修多羅」部分，與論文並列；經文的「祇夜」、「記說」部分，也一併排列；並附入約四萬五千字的論文〈《雜阿含經》部類之整編〉於前。在比對配合等過程中，尼眾心如、依道、慧潤等師作了很大的協助。七十一年七月初，《雜阿含經論會編》完成，得到學界極大的推崇。日本名學者——原始佛教權威水野弘元先生評論：

「印順法師說之《雜阿含經》一文，不論就其組織型態，乃至其復原層面，都是極其合理的！其評審、確實及其整合等點，都遠遠超逾於日本學者的論說。」❹

回顧畢生學思

七十三年，七十九歲，算來從二十歲探尋佛法迄今已整六十年，九月初，三萬餘字的《遊心法海六十年》小冊脫稿，敘述自己的學思歷程與寫作；雖對自己衰老之年能否再寫作沒有把握，但尚且說：「假使還有可能，希望能對《阿含》與《律》，作些簡要的敘述。」❺ 老驥伏櫪，志在千里，這種為法不輟於言的精誠，令人由不得不敬重！

年底，《空之探究》脫稿。以上二書均在七十四年出版。

由於三十一年所寫的《印度之佛教》有些錯誤尚未修正，所以這本書在臺一直沒有再出版。在臺灣，本來也少有人知道這部書；但自從《妙雲集》出版而廣為流通以來，透過這套書而知道有《印度之佛教》的人就多了。於是有抄寫的，有複印的，有私下出版的。七十四

---

❹　關世謙譯：〈《雜阿含經》之研究與出版〉，引自印順法師《平凡的一生》，增訂本，頁一六六。

❺　印順法師：《遊心法海六十年》，頁三九。

年，印公已八十高壽。想到這本書未經修訂而這樣流傳下去也不是辦法，於是將它修正文字，改善表式，有些錯誤部分，則附註請讀者自行參閱他所著的某書某章某節。這樣，他又寫了一篇〈《印度之佛教》重版後記〉。

「佛涅槃後，佛弟子對佛的永恒懷念」，這是佛法發展演化中的主要動力。在發展中，為了適應印度的宗教潮流，也為了適應信增上行人的根性，所以有「異方便」的施設，對於佛法的普及民間，是有功績的。但這也引起了副作用，使佛法演化為「天（神）佛一如」，迷失了佛法不共神教的特色。為了作思想上的澄清，從這年八月起，他著手於《方便之道》的寫作，已寫了「佛法」、「大乘佛法」部分，約十五萬字。由於體力日衰，想到還有應該先寫的，所以就停了下來。後來將已完成的部分編入《華雨集》第二冊出版。

七十五年，八十一歲，已是耄耋之年，回顧一生的寫作，有批評者，有贊同者，於是搜集這些評論而編為《法海微波》，作為一生的紀念文章。

有感於自己對印度佛教已寫了不少，但對印度佛教演變的某些關鍵問題，沒有能作綜合聯貫的說明，總覺得心願未了，所以從這年秋季以後，即開始《印度佛教思想史》的寫作，到翌（七十六）年七月中旬才完成，七十七年四月出版。全書二十九萬字，算是他對印度佛教思想發展研究的結論。

七十七年，他已八十三歲了。七、八月間，忽從一

個「心」字中，有所發見而貫通了印度佛教史上的一個大問題，因此扼要的寫出了三萬多字的小冊《修定——修心與唯心‧秘密乘》。

七十八年，八十四歲，有感於自己的著作太多，涉獵的範圍太廣，讀者每不能知道他的核心思想，因此三月中開始了三萬字的《契理契機的人間佛教》，簡要地從印度佛教的嬗變歷程，說明他對佛教思想的判攝準則，並提示「人間佛教」的意義。夏秋間，又寫了《讀大藏經雜記》與《中國佛教瑣談》。

年底，將全套五冊《華雨集》編訖。八十二年四月，《華雨集》出版。其中有些是六十年大病以前的作品，也有些是《妙雲集》出版以後的寫作。有的已經印過單冊（如未納入《妙雲集》中的經論講記，放在第一冊；《修定——修心與唯心‧秘密乘》，納入第三冊；《契理契機的人間佛教》，納入第四冊；《遊心法海六十年》，納入第五冊）。有的過去尚未發表（如：《方便之道》、《讀大藏經雜記》與《中國佛教瑣談》分別編入二、三、四冊）。

老而彌篤

八十年，八十六高齡的印公，年來閱讀外國學者論著，發現他們對《大智度論》是龍樹所造，鳩摩羅什所譯的記載有所翻案，有的否認是龍樹所造，有的想像是羅什附加了不少內容。他心有所感，但卻受限於體力的

衰弱，不能長篇寫作，言談之中，引為遺憾。作者得知老人心願，遂自告奮勇，願意代為整理。於是在暑假期中，由印老人搜集資料，分別章節，口述大要，作者筆記成大約六萬字的《大智度論之作者及其翻譯》，梵文部分則經郭忠生居士的校勘。是年九月，發表於「東方宗教研討會」的年會上，受到與會學者的關注，次（八十一）年八月，《東方宗教學報》與東宗出版社同步刊行。又次（八十二）年一月，岩城英規先生的日譯本，由正觀出版社印行。

八十三年七月，又將重新修訂的《平凡的一生》出版，作為二十三年前自傳的補充。在談到寫作與出版的因緣時，他結論道：

「有人以為：我對佛法各部分，早已明白確定了，祇是一部接一部的寫出而已，其實不是這樣的。我雖對佛法有一發展的全程概念，如要寫某一部分，還是在研求，補充或修正的情況下進行；所以寫作一部，對這部分問題，有更為明確深入的了解（所以我曾說：閱讀不如講解，講解不如寫作）。我相信，記錄的，負責校對的，在與佛法不斷接觸中，對佛法也會有所進步的。所以寫作與出版，我與協助我的，都是在佛法中奉獻，在佛法中求進修而已！」❻

---

❻ 印順法師：《平凡的一生》，增訂本，頁一八三。

十八・寒潭清水，映月無痕

　　印公老人在自傳《平凡的一生》中，對自己的個性作了一個很平實的分析：從小身體寡薄，生性內向，不會應酬，自卑而又自尊的他，以後自會受此因緣所局限而發展。以知識與能力來說，他是知識高於能力的；以感情而言，他一向情感過分平靜，所以對人既缺乏熱情，卻也不會冷酷。出家後，將身心安住在三寶上，從不覺得有什麼感情須要安放；走一處，就安一處，所以從不曾為感情而煩惱。他自嘲道：

　　「情感過分平靜，難怪與藝術無緣了。」

　　他生長於河汊交流的地區，一出門就得坐船；但他從小就暈船，踏上船頭就嘔吐。十九年離家，為赴北平就讀佛學院，從上海到天津，又從天津到上海。二十年至二十三年，閩院來去，也是在上海、廈門、福州之間行船。輪船在大海中，他不能飲食，不能行動，吐一陣，又似睡非睡的迷糊一陣，如是反覆，一直捱到岸上。尤其是三天或四天的航行，比他所生過的什麼病都苦痛加

倍。但祇要覺得有去的必要，他可以義無反顧。由此來看，他是意志力很堅強的。但他卻稍有保留地分析自己：意志方面，屬於單純個人的，他可以克服身體的種種病苦，而持續爲法努力；但若遇到複雜的、困擾的人事，他就沒有克服的信心與決心。

他綜合而言其性向：

「大概的説：身力弱而心力強，感性弱而智性強，記性弱而悟性強；執行力弱而理解力強——依佛法來説，我是『智增上』的。」❶

也許是氣質簡靜使然，所以他的文章罕見太虛大師那種波瀾壯闊、眩目搖神的氣勢，卻似寒潭清水，映月無痕。早年（如與守培法師之間）的論辯文字，還有得理不饒人的銳氣，年紀愈大，愈見其溫柔敦厚，字裡行間，絕無一絲火氣，反而有看盡人間悲歡苦樂、恩怨情仇的泰然與寬容。

寒潭靜水，映月無痕！這是一種何等超拔的生命境界！他之所以讓佛弟子們傾仰尊崇，又豈祇是因爲他有淵博的學識、等身的著作？應是他畢生爲苦難世間，鍥而不捨地研尋、傳播「契理契機的人間佛教」的悲心、毅力與智慧，以及寬厚得可以涵容加害於他的人的心胸，

❶ 印順法師：《平凡的一生》，增訂本，頁二一四。

行諸身語，流諸筆端，而讓人們「雖不能至，而心嚮往
之」！

作者與　印公合影（時本書完稿，印公看過修訂畢，合影於八
十三年八月十九日，南投永光別苑）

主要參考資料：

印順法師：《平凡的一生》（增訂本）

　　臺北：正聞出版社　民國八十三年七月初版

印順法師：《遊心法海六十年》

　　臺北：正聞出版社　民國七十四年三月重版

印順法師：《太虛大師年譜》

　　臺北：正聞出版社　民國六十九年十二月出版

印順法師：《契理契機的人間佛教》

　　臺北：正聞出版社　民國六十九年十二月出版

印順法師：《印度之佛教》

　　臺北：正聞出版社　民國六十九年十二月出版

印順法師：《妙雲集》叢書

　　臺北：正聞出版社　民國六十九年十二月出版

明復法師：《中國佛學人名辭典》

　　北京：中華書局　一九八八年一月初版初刷

鄭壽彭：《印順導師學譜》

　　臺北：天華出版社　民國七十年二月初版

後記

　　本書寫訖，即於八月十七日至南投永光別苑，呈請印公導師親自過目，並一一指正修訂，又惠允借刊照片，方才定稿。

　　在本書完成後，印公老人於九月六日從臺北出發，途經香港，返回睽違已久的原鄉──中國大陸，九月二十九日返臺，旅程共計二十四天；全程隨行的，祇有三位弟子。印老人行前未通知任何人，所以不但大陸方面事前毫無所悉，臺灣的弟子也率皆未被告知。這是他老人家一向質樸安靜，不喜大事張揚的性格使然。

　　他的原鄉之旅，首站是福建廈門南普陀寺，這裡的閩南佛學院，是他出家後求學而復幾度講學的地方，他與此間的法緣甚深，對此間的故舊師友懷念也深。

　　離開廈門，轉往浙江。先到寧波天童寺，這是他受具足戒的道場。復往奉化雪竇寺，這是太虛大師曾任住持的道場，也是《太虛大師全書》在印公主持下編纂的所在；印公原擬來此禮拜太虛大師舍利，惜舍利塔已全毀。第三站是普陀山──這裡有他出家的道場福泉庵，以及三年閱藏的佛頂山慧濟寺。

其後轉往上海，先到圓明講堂，那兒有他的戒和尚圓瑛長老的紀念堂；旋至玉佛寺，這是太虛大師圓寂的地方。

由上海北航，直飛北京，參觀名刹法源寺及廣濟寺，前者有中央級的佛學院，後者兼而為「中國佛教協會」的會所。在北京，幾位從前四川漢藏教理學院的學友來聚，中國佛教協會會長趙樸初居士聞印公來，顧不得正在開會，連忙趕回廣濟寺，一見印公，即以老邁之軀，匍匐頂禮；歡欣激動之情，溢於言表。

南下杭州，從前住處已不可見；去到靈隱寺，也慨然於其面目全非。由此返回海寧故居，鄉親已率非舊識。

此次的原鄉之旅，礙於體力精神，武漢與四川未排入行程之中；除此以外，凡曾以佛法因緣而住錫的地方，印老人都巡行一回。與其說是去國懷鄉之情，不如說是對甚深因緣的一種珍惜吧！

八十三年十二月二十日補記

現代佛學叢書（一）

書名	作者	出版狀況
臺灣佛教與現代社會	江燦騰	已出版
學佛自在	林世敏	已出版
達摩廓然	郗家駿	已出版
濟公和尚	賴永海	已出版
禪宗六變	顧偉康	已出版
人間佛教的播種者	釋昭慧	已出版
菩提道上的善女人	釋恆清	已出版
佛性思想	釋恆清	已出版
道教與佛教	蕭登福	已出版
中國華嚴思想史	木村清孝著 李惠英　譯	已出版
佛學新視野	周慶華	排印中
天台性具思想	陳英善	排印中
慈悲	中村元著 江支地譯	排印中
唐代詩歌與禪學	蕭麗華	排印中
佛教史料學	藍吉富	排印中
傳統公案的現代解析	李元松	撰稿中
虛雲法師	陳慧劍	撰稿中
歐陽竟無	溫金柯	撰稿中
佛使尊者	鄭振煌	撰稿中

現代佛學叢書（二）

書名	作者	出版狀況
提婆達多	藍吉富	撰稿中
梁武帝	顏尚文	撰稿中
禪定與止觀	釋慧開	撰稿中
宋儒與佛教	蔣義斌	撰稿中
淨土概論	釋慧嚴	撰稿中
臺灣佛教藝術賞析	陳清香	撰稿中
中國佛教藝術賞析	李玉珉	撰稿中
維摩詰經與中國佛教	賴永海	撰稿中
禪淨合一流略	顧偉康	撰稿中
禪宗公案解析	陳榮波	撰稿中
佛教與環保	林朝成	撰稿中
當代臺灣僧侶自傳研究	丁　敏	撰稿中
臺灣佛教發展史	姚麗香	撰稿中
榮格與佛教	劉耀中	撰稿中
菩提達摩考	屈大成	撰稿中